14 REPÈRES SUR LA FOI

Ces Vérités qui sauvent

Dépôt légal : 4° trimestre 2012

ISBN 978 2 86495 311 1

Le Laurier
19, passage Jean-Nicot — 75007 Paris
Tél. (01) 41 51 55 08. Fax (01) 41 51 81 83
editions@lelaurier.fr --- www.lelaurier.fr

ALPHONSE VIDAL

14 REPÈRES SUR LA FOI

Ces Vérités qui sauvent

Préface de
Mgr JUAN IGNACIO ARRIETA
Secrétaire du Conseil Pontifical
pour les Textes Législatifs

Le Laurier

PRÉFACE

« *La porte de la foi* (cf. Ac 14, 27) qui introduit à la vie de communion avec Dieu et permet l'entrée dans son Église est toujours ouverte pour nous. Il est possible de franchir ce seuil quand la Parole de Dieu est annoncée et que le cœur se laisse modeler par la grâce qui transforme. Traverser cette porte implique de s'engager sur un chemin qui dure toute la vie. » C'est par ces lignes que le saint-père Benoît XVI a commencé son Motu proprio « *Porta fidei* », convoquant l'Église et ses fidèles à une Année de la Foi, à l'occasion du cinquantième anniversaire de l'ouverture du Concile Vatican II. Elle est prévue du 11 octobre 2012 au 24 novembre 2013, dimanche du Christ Roi, ce qui fait en tout quatorze mois. Au nom du Christ, dont il est le vicaire dans ce monde, le pape entend nourrir notre foi pour qu'elle soit vraiment la lumière qui éclaire notre chemin et un point d'appui ferme dans l'accomplissement de notre mission de chrétiens : être le sel de la terre et la lumière du monde (cf. Mt 5, 13).

Dans une note datée du 6 janvier 2012, la Congrégation pour la Doctrine de la Foi a donné les indications pastorales opportunes : « Cette année sera une occasion propice pour que tous les fidèles comprennent plus profondément que le fondement de la foi chrétienne est " la rencontre avec un événement, avec une Personne, qui donne à la vie un nouvel horizon et par là son orientation décisive " (Benoît XVI, *Deus caritas est*, n. 1). Fondée sur la rencontre avec Jésus-Christ ressuscité, la foi pourra être redécouverte dans son intégrité et dans toute sa splendeur. « De nos jours aussi, la foi est un don à redécouvrir, à cultiver et dont il faut témoigner », afin que le Seigneur « accorde à chacun de nous de vivre la beauté et la joie d'être chrétiens » (Benoît XVI, *Homélie*, 10 janvier 2010). »

« Quatorze repères sur la foi : Ces Vérités qui sauvent ». Le titre et le sous-titre de l'ouvrage de l'abbé Alphonse Vidal donnent tout de suite une indication sur l'angle d'attaque qu'il a adopté pour présenter l'Année de la Foi. Dans ces pages, vous trouverez quatorze méditations dont l'objectif principal est de faire grandir en nous la foi et de nous aider ainsi à tirer le maximum de profit des mois à venir. Ce n'est pas un traité de Théologie fondamentale sur la foi et l'acte de foi, mais des méditations pratiques et concrètes, partant des textes de la Sainte Écriture et envisageant l'impact que cette vertu devrait avoir sur la vie quotidienne du chrétien. Leur approche générale est donc plus spirituelle et ascétique que doctrinale, étant toutefois entendu qu'à la base de tout se trouvent les enseignements de Jésus-Christ tels que l'Église nous les a transmis, surtout quelques points du *Catéchisme de l'Église Catholique*, publié il y a exactement vingt ans, en 1992. C'est pourquoi cet ouvrage gardera toute son actualité, bien au-delà de l'Année de la Foi.

Benoît XVI a choisi comme titre de son Motu proprio l'expression latine « *Porta fidei* », la Porte de la foi, empruntée au livre des Actes des Apôtres (14, 27). C'est un écho de l'allégorie du Bon Pasteur que saint Jean nous propose dans son Évangile. « Moi, je suis la porte. Si quelqu'un entre par moi, il sera sauvé. » (*Jn* 10, 9). Nous sommes invités à franchir le seuil de la foi pour connaître encore mieux ou redécouvrir un univers on ne peut plus réel, quoiqu'il échappe aux méthodes propres aux sciences expérimentales. Pendant des siècles, ne possédant pas les outils d'observation adéquats, les hommes ont ignoré les secrets de l'infiniment grand et de l'infiniment petit. Or, les particules les plus élémentaires de la matière et les domaines inexplorés de l'univers n'en existaient pas moins. C'est pourquoi l'humanité peut aller de découverte en découverte.

Ainsi en est-il de la foi. C'est une lumière qui nous donne accès aux mystères les plus élevés de la réalité, à la vie intime de Dieu et à ses deux œuvres en faveur des hommes, la Création et la Rédemption. Dans ce domaine, nos « outils d'observation humains » seront toujours inadéquats, bien pauvres et insuffisants, ce à quoi Dieu a voulu suppléer par sa Révélation et, sur un plan personnel, en nous accordant la vertu de foi. La Très Sainte Trinité, le Verbe incarné, le mystère de l'Eucharistie, etc. ne sont pas des réalités « virtuelles », si à la mode de nos jours, mais ce qu'il y a de plus réel, le fondement même de toute la réalité. C'est ce que cet ouvrage se propose de montrer, en suivant le schéma général de la première partie du *Catéchisme de l'Église Catholique*, consacrée au symbole de la foi, le Credo.

Nous voilà donc aux portes de l'Année de la Foi. N'en franchissons pas le seuil avec indifférence, en nous laissant aller à la routine ou en pensant que nous en savons déjà assez sur notre foi catholique. Il ne tient qu'à nous que les mois qui viennent donnent une vigueur toute nouvelle à notre foi personnelle pour qu'ainsi elle imprègne plus profondément encore nos pensées les plus intimes et notre cœur, et qu'elle s'exprime ensuite dans notre vie quotidienne.

Puisse la Vierge Marie, que nous appelons dans les litanies

« *Ianua Cœli* », Porte du Ciel, créer en nous un vrai désir d'approfondir notre foi et nous aider à avoir la conviction solide que Jésus-Christ est la lumière du monde et que celui qui le suit et se laisse orienter par lui ne marchera jamais dans les ténèbres mais aura la lumière de la vie (cf. *Jn* 8, 12).

Mgr Juan Ignacio ARRIETA
Évêque titulaire de Civitate
Secrétaire du Conseil Pontifical
pour les Textes Législatifs

I. LE SENS DE LA VIE

Les grandes questions qui se posent à l'homme

> « Dieu, infiniment Parfait et Bienheureux en Lui-même, dans un dessein de pure bonté, a librement créé l'homme pour le faire participer à sa vie bienheureuse. C'est pourquoi, de tout temps et en tout lieu, Il se fait proche de l'homme. Il l'appelle, l'aide à Le chercher, à Le connaître et à L'aimer de toutes ses forces. Il convoque tous les hommes que le péché a dispersés dans l'unité de sa famille, l'Église. Pour ce faire, Il a envoyé son Fils comme Rédempteur et Sauveur lorsque les temps furent accomplis. En Lui et par Lui, Il appelle les hommes à devenir, dans l'Esprit Saint, ses enfants d'adoption, et donc les héritiers de sa vie bienheureuse. » (*Catéchisme de l'Église Catholique*, n° 1)

« Dieu, infiniment Parfait et Bienheureux en Lui-même… » Le *Catéchisme de l'Église Catholique* commence ses enseignements par le mot « Dieu », marquant ainsi sa centralité absolue dans le monde et dans l'existence de chaque être créé, une centralité si essentielle que la Bible a voulu bien la mettre en évidence, spécialement dans le premier et le dernier de ses livres. « Au commencement, Dieu créa le ciel et la terre », nous dit le livre de la Genèse (1, 1), précisant que Dieu est l'origine de tout. « Je suis l'Alpha et l'Oméga, le Premier et le Dernier, le Principe et la Fin », pouvons-nous lire dans le dernier des livres saints, l'Apocalypse (22, 13), qui affirme que l'histoire dans sa dernière étape convergera vers l'infinitude de Dieu.

Dès le premier de ses presque trois mille points, le *Catéchisme* souligne de manière saisissante quel est le sens de la vie pour chacun de nous et pour l'humanité entière, en résumant les principaux jalons de l'histoire du Salut : la création, l'élévation à l'ordre de la grâce, le péché et ses conséquences dramatiques, la décision divine de nous racheter par l'Incarnation du Verbe et notre destinée finale dans la patrie du ciel. Nous n'y trouvons pas simplement un ensemble d'idées purement spéculatives qui, certes, constituent un système de pensée cohérent et bien structuré. Non, ce résumé représente quelque chose d'infiniment plus vital. C'est tout un itinéraire que nous devons nécessairement suivre jusqu'au bout, si nous voulons réussir notre vie. C'est un chemin qui, passant par Jésus-Christ, nous conduira à l'intimité de la vie divine.

Au sermon sur la Montagne, premier grand discours de sa vie publique, le Seigneur a voulu rappeler à quel point cette centralité de Dieu et de son dessein est capitale pour tous. « Ne vous amassez pas des trésors sur la terre, où les voleurs percent les murs et dérobent. Mais amassez-vous des trésors dans le ciel, où ni la teigne ni les vers ne consument, et où les voleurs ne percent pas les murs ni ne dérobent. Car là où est ton trésor, là aussi sera ton cœur » (Mt 6, 19-21). Il nous dit en substance que la vie sur terre n'est qu'une étape vers la vie définitive en Dieu, l'éternité, et que les biens que nous pouvons acquérir ou gagner ici bas sont forcément des biens périssables. Sans parler de l'inquiétude que la recherche ou la protection des biens déjà acquis pourrait susciter en nous, si la foi cessait de nous éclairer.

Les interrogations profondes du genre humain

De tout temps, les hommes se sont interrogés pour savoir si la vie a un sens et, si oui, quel est ce sens. C'est un trait caractéristique de la personne humaine qui ne se contente pas de rester à la surface des problèmes, mais qui a besoin d'aller au fond de choses en se posant les questions les plus radicales. Bien entendu, il semblerait possible que dans une certaine mesure quelqu'un traverse l'existence sans aborder ce genre de questions, qu'il ait son temps bien occupé et s'investisse dans de nombreux projets, passionnants et utiles, comme nous le voyons autour de nous. Toute sorte de projets professionnels, humains, affectifs, ou sociaux. Mais une telle vie vaudrait-elle vraiment la peine d'être vécue ? Probablement non, et sans un clair choix de vie, l'homme en est bien souvent réduit à vivoter. De prime abord, ce genre de vie ne semble pas forcément désagréable mais, tôt ou tard, sa vacuité apparaîtrait clairement, avec d'éventuels déchirements personnels, toujours pénibles.

Dans la constitution *Gaudium et Spes*, le Concile Vatican II s'est fait l'écho des inquiétudes que ressent le cœur humain : « Le nombre croît de ceux qui, face à l'évolution présente du monde, se posent les questions les plus fondamentales ou les perçoivent avec une acuité nouvelle. Qu'est-ce que l'homme ? Que signifient la souffrance, le mal, la mort, qui subsistent malgré tant de progrès ? À quoi bon ces victoires payées d'un si grand prix ? Que peut apporter l'homme à la société ? Que peut-il en attendre ? Qu'adviendra-t-il après cette vie ? » (GS n° 10). Des interrogations qui portent à la fois sur l'identité de l'homme et sur le sens de sa vie, parce que toute quête de sens restera toujours étroitement liée à la découverte de notre identité ultime. Si nous voulons donner à notre vie la bonne orientation, il est indispensable que nous sachions qui nous sommes réellement et, pour ce faire, notre recherche ne peut pas se limiter aux données que peut fournir une fiche signalétique : lieu et date de naissance, nationalité, état civil, diplômes, profession, poste de travail, adresse, etc. Bien qu'intéressantes, toutes ces données n'en sont pas moins partielles et insuffisantes. Non, nous devons savoir qui nous sommes réellement.

Tous les hommes sont donc confrontés à une tâche délicate, la découverte de notre identité ultime, et toutes ces interrogations pourraient susciter en nous des inquiétudes. Cependant, il ne faut pas oublier que le Christ, le Verbe du Père, s'est fait homme pour nous éclairer sur la question. Lui seul connaît vraiment le cœur de l'homme et sa destinée ultime. En dehors de lui, nous pourrons trouver des éléments de réponse mais forcément fragmentaires, sans former un ensemble cohérent et complet. Nous ne trouverons pas de certitudes, mais uniquement des hypothèses, plus ou moins hasardeuses. Ce qui semble assez paradoxal, car pour les autres aspects importants de la vie nous exigeons des certitudes. Nos contemporains acceptent de moins en moins les risques, quels qu'ils soient, pour les grandes affaires de la vie : la santé, l'alimentation, l'avenir, le travail, la retraite, l'organisation de la vie sociale, etc. Il n'y a que pour la vie spirituelle qu'ils semblent se contenter de conjectures et de probabilités, de réponses superficielles qui effleurent à peine les problèmes. Une telle attitude n'est pas logique, à moins de sombrer dans l'inquiétude et le désespoir.

Le vrai trésor : la vie de la grâce

Nous autres chrétiens, nous n'avons pas ce problème, sauf si nous oublions notre foi. Les propos du Seigneur sur la Montagne nous éclairent puissamment. Nous, nous savons quel est le vrai trésor, dans la recherche et la protection duquel il est essentiel d'investir toutes ses énergies. Le Christ nous dit que chez l'homme il n'y a pas qu'un potentiel biologique ou intellectuel, qu'il y a aussi une puissance spirituelle, comme un don gratuit : la vie de la grâce, connue aussi comme vie *surnaturelle*, qui nous a été infusée au moment de notre baptême comme un germe appelé à croître. La sainteté chrétienne à laquelle Dieu nous invite consiste à faire pousser ce germe, c'est-à-dire à rechercher la plénitude de la foi, ce qui constitue la tâche primordiale de notre vie.

En résumé, nous pouvons dire que nous avons un *organisme corporel*, dont nous devons prendre grand soin, avec toutes ses fonctions vitales : nutrition, sommeil, repos, forme physique, etc. C'est encore une des caractéristiques de notre époque. Jamais auparavant les hommes n'avaient accordé tant d'importance à leur santé et à leur forme physique. Nous avons aussi un *organisme mental*, une vie intellectuelle et affective. Dans notre civilisation, tout est organisé en vue d'en assurer la croissance équilibrée et harmonieuse : l'éducation, la formation permanente, la vie culturelle et artistique, la vie affective et familiale, la vie sociale et associative. Eh bien, n'oublions jamais que nous avons aussi un *organisme spirituel* qui ne se voit ni ne se touche, mais qui n'en est pas moins réel, un organisme qui peut se développer ou dépérir et dont il faut aussi et surtout prendre grand soin, comme la première des priorités.

Cet organisme existe avec ses fonctions d'assimilation, de faim, de soif et de croissance. Nous pouvons ne pas en admettre l'existence. Nous pouvons le laisser languir, dépérir et s'éteindre. Nous pouvons devenir des athlètes physiques ou intellectuels et réussir toute sorte de projets, mais avec un organisme spirituel rachitique, pour ne pas dire inexistant. C'est justement de ce rachitisme que proviennent les malaises que nous constatons un peu partout dans le monde. Car, quoi que les gens en pensent, notre monde ne va pas bien, le progrès matériel n'a rien résolu sur le fond, sur les vraies questions et les vrais problèmes. D'où une sorte de fuite en avant. Notre époque apparaît comme un temps de découvertes scientifiques et techniques surprenantes, beaucoup plus que comme une époque de chrétiens cohérents avec leur foi.

Or, sans le Christ les conquêtes humaines restent en définitive insignifiantes. Elles pourraient même devenir dangereuses, si elles nous faisaient oublier l'essentiel. Car les besoins fondamentaux de l'homme seraient dans ce cas réduits à des considérations assez matérialistes : le bien-être, la consommation, le confort et les loisirs, laissant dans l'oubli la vie de la grâce et ses exigences. Tel est le drame, car toutes ces affaires-là passent et, sans Dieu, perdent leur consistance, avec peut-être un réveil brutal au moment le plus inattendu. « La teigne et le ver consument et les voleurs percent et cambriolent ». Tout ce que nous aurions amassé ne servirait plus de rien. Attention !, ne voyons pas dans les propos du Christ une vision négative du monde et de ses valeurs, moins encore une sorte de menace. Voyons-y plutôt le désir très vif de nous éclairer et de nous aider, comme à son habitude. Il nous dit que, puisque notre vie humaine a reçue une dimension surnaturelle, nous avons besoin de la grâce de Dieu et que Dieu fera toujours le nécessaire pour nous l'accorder.

Quelles conclusions pouvons-nous tirer de notre première méditation sur la foi ? Saint Josémaria nous en propose une, excellente, dans le premier point de son livre *Chemin* : « Que ta vie ne soit pas une vie stérile. — Sois utile. — Laisse ton empreinte. — Que rayonne la lumière de ta foi et de ton amour. Efface, par ta vie d'apôtre, la trace visqueuse et sale qu'ont laissée les impurs semeurs de haine. — Et embrase tous les chemins de la terre au feu du Christ que tu portes dans ton cœur. » Quels que soient notre âge et nos circonstances personnelles, où que nous en soyons de notre vie, essayons de nous recentrer sur Dieu, cherchons à lui donner en tout la place centrale qui doit toujours être la sienne. Notre vie n'en sera que plus épanouie et efficace et nous-mêmes nous pourrons jouir du bonheur relatif qu'il est possible d'atteindre ici bas, dans l'attente du bonheur infini et définitif qui nous est promis dans le ciel.

Que la Vierge Marie, qui a mis toutes ses énergies dans l'accomplissement de la volonté divine — « qu'il m'advienne selon ta parole » — nous aide dans notre quête et dans notre effort.

II. JE CROIS

L'homme, capable de connaître et d'aimer Dieu

> « Le désir de Dieu est inscrit dans le cœur de l'homme, car l'homme est créé par Dieu et pour Dieu ; Dieu ne cesse d'attirer l'homme vers Lui, et ce n'est qu'en Dieu que l'homme trouvera la vérité et le bonheur qu'il ne cesse de chercher. » (*Catéchisme de l'Église Catholique*, n° 27)

D'où venons-nous ? Quelle est notre origine ultime ? Ce sont des questions que tout homme se pose, tôt ou tard, s'il ne veut pas tomber dans l'incohérence ou la vacuité. Des questions auxquelles Dieu a déjà répondu, en faisant en sorte que sa réponse soit accessible à tout le monde, pour que tous puissent l'intégrer dans leurs schémas mentaux et existentiels. Le *Catéchisme* nous dit que « l'homme est créé par Dieu et pour Dieu ». C'est une donnée fondamentale, étant donné que pour bien cerner la personnalité de quelqu'un le premier pas à faire est de s'enquérir de ses origines. C'est pourquoi Dieu a tenu à nous faire connaître les nôtres, sachant que toute erreur de perspective dans ce domaine pourrait entraîner des conséquences dramatiques pour nous. Pour parler de manière imagée, Dieu nous a montré quelle est la cellule souche de l'homme et de l'espèce humaine.

Nous comprenons fort bien tous les efforts fournis par

l'homme depuis les temps les plus reculés, en vue d'acquérir une meilleure connaissance de la personne humaine et de l'univers dans lequel elle se trouve insérée. C'est l'objet d'un bon nombre de sciences, telles que l'anthropologie, la psychologie, la médecine, la paléontologie ou les sciences humaines qui ont obtenu des résultats tout à fait remarquables. Cela dit, s'agissant pour la plupart de sciences expérimentales ou empiriques, leurs résultats sont forcément limités. La métaphysique a certainement un angle d'attaque plus profond et plus complet. Or, tout bien considéré, seule la foi peut donner une réponse vraiment complète à la question concernant notre origine. Car la foi tire ses certitudes de la Parole de Dieu révélée et, pour la question qui nous occupe, la Bible fournit plusieurs données dans les deux premiers chapitres du livre de la Genèse. Nous y trouvons deux récits de la création, compatibles et complémentaires entre eux, correspondant à deux traditions.

— *Genèse 1 présente la création en six jours.* C'est le choix littéraire de l'auteur sacré que cette belle allégorie, inspiré par l'Esprit Saint. Cependant, bien que le récit soit allégorique les vérités qu'il rapporte, elles, sont *historiques.* Ce sont des faits avérés présentés sous la forme d'une sorte de fable, selon les usages de l'époque à laquelle le livre a été rédigé. Une phrase ponctue l'ensemble du chapitre, pour conclure chaque journée : « Dieu vit que cela était bon », avec dans le cas de l'homme une appréciation encore plus enthousiaste, « Dieu vit que cela était *très* bon ». Aussi le récit change-t-il de ton pour évoquer sa création. « Dieu dit : "Faisons l'homme à notre image, comme notre ressemblance" » (*Gn* 1, 26). Les exégètes ont toujours souligné l'importance de cette *réflexion* de Dieu, qui nous fait comprendre qu'il s'apprêtait à faire quelque chose de singulier et d'important.

— *Genèse 2 est encore plus explicite sur la création de l'homme.* « Yahvé Dieu forma l'homme de la poussière du sol, et il souffla dans ses narines un souffle de vie, et l'homme devint un être vivant » (*Gn* 2, 7). L'image est superbe ! Un souffle, le souffle de Dieu, en latin *spiritus*, esprit, âme. C'est cette âme immortelle qui marquera la différence entre la personne humaine et les animaux et qui donnera à son corps toute sa dignité. La théologie voit aussi dans le souffle de Dieu une première allusion à la grâce sanctifiante et à l'élévation de l'homme à l'ordre surnaturel, comme don gratuit et supplémentaire que Dieu a voulu nous faire. Nous sommes l'image de Dieu, nous portons en nous une *haleine de vie*, notre âme, que chacun de nous reçoit individuellement au moment de sa conception.

Le désir de Dieu

La nature humaine a été, à tout jamais, profondément marquée par son origine. Que nous en soyons conscients ou non, nous portons en nous l'empreinte de Dieu. Il n'est pas inutile de citer dans ce contexte une des phrases les plus célèbres de l'histoire, jaillie comme un cri du cœur des lèvres de saint Augustin : « Tu nous a fait pour Toi et notre cœur est sans repos tant qu'il ne repose en Toi ». Toujours dans ses « Confessions », il regrettera d'avoir mis si longtemps à découvrir et à aimer son Dieu : « Bien tard je t'ai aimé, beauté si ancienne et si nouvelle ! Bien tard je t'ai aimé ! » Et de nous dire sa peine de s'être fourvoyé dans ses recherches, d'avoir cherché Dieu en dehors de lui alors qu'il est au plus intime de nous-mêmes. « Mais voilà : tu étais au-dedans de moi quand j'étais au-dehors, et c'est dehors que je te cherchais ; dans ma laideur, je me précipitais sur la grâce de tes créatures. Tu étais avec moi, et je n'étais pas avec toi. »

Lors d'une audience générale, le 26 août 1998, le bienheureux Jean Paul II se référait à la dimension religieuse de la personne humaine. « L'homme — comme la tradition de la pensée chrétienne l'exprime — est « *capax Dei* » : capable de connaître Dieu et d'accueillir le don qu'il fait de lui-même. En effet, créé à l'image et à la ressemblance de Dieu (cf. *Gn* 1, 26), il est en mesure de vivre une relation personnelle avec lui et de répondre par l'obéissance d'amour à la relation d'alliance qui lui est proposée par son Créateur. » C'est dans le respect de ce lien avec Dieu que réside le vrai bonheur de l'humanité en général et de chaque homme en particulier. Les biens terrestres n'auront jamais la capacité de combler notre cœur, surtout si nous les coupons de leur source, Dieu, pour en faire une valeur en soi.

À une femme de Samarie Jésus a proposé une image extrêmement éloquente, dans un des plus beaux textes du quatrième Évangile. « Quiconque boit de cette eau aura encore soif ; mais celui qui boira de l'eau que je lui donnerai, n'aura plus jamais soif. Au contraire, l'eau que je lui donnerai deviendra en lui une source d'eau jaillissant jusqu'à la vie éternelle » (*Jn* 4, 13-14). Dieu s'est servi de toutes nos aspirations et inquiétudes naturelles pour nous faire pénétrer plus avant dans le mystère de sa vie intime et de notre destinée, en tenant compte de la voie habituelle que suit la connaissance humaine.

Nous partons des données sensibles pour élaborer nos pensées les plus élevées. La soif évoque ici une autre soif, autrement plus poignante, la soif de Dieu, le désir de Dieu.

Notre Seigneur promet une eau encore jamais bue, qui jaillit en vie éternelle. Envoyé par son Père dans sa grande miséricorde, il est venu sur terre pour nous l'apporter, pour nous dire quelle est cette eau et où elle peut se trouver, tout en nous mettant en garde contre d'autres espèces d'eau susceptibles de nous faire du mal. L'image de l'eau, de la faim et bien d'autres, si évocatrices, nous parlent finalement du désir de Dieu. L'homme est la seule créature du monde visible capable d'entrer en contact vital avec lui, consciemment et librement, dans un élan d'amour. En même temps, Dieu seul peut combler les aspirations les plus profondes de son cœur, vraiment lui seul ! Si nous avons déjà un certain âge, nous ne le savons que trop bien, compte tenu de notre expérience.

S'il est vrai que l'épanouissement total de l'homme n'aura lieu que dans la vie éternelle, au terme du voyage, il n'en reste pas moins que dans un certain sens l'éternité commence déjà ici bas. C'est l'une des révélations majeures des livres sacrés, déjà dans l'Ancien Testament. Nous pouvons citer un psaume qui exprime assez joliment le « désir du Seigneur et de son Temple ». La liturgie nous le propose assez souvent. « Comme languit un cerf après les eaux vives, ainsi languit mon âme vers toi, mon Dieu. Mon âme a soif de Dieu, du Dieu vivant ; quand irai-je et verrai-je la face de Dieu ? » (Ps 42, 1-2). Voilà des mots merveilleux, empreints d'une nostalgie poignante. Un cerf assoiffé, la gorge sèche, lance sa plainte face aux sables du désert. Un cerf qui languit après les eaux vives d'un ruisseau, épuisé par sa course. Le désir de Dieu devient un besoin irrépressible et il est décrit comme tel. « Mon âme a soif de Dieu, du Dieu vivant », répètent les strophes à rythme cadencé. Le psalmiste nous exhorte à l'espérance : cette soif du divin ne sera pas trahie par le ciel.

Où en sommes-nous de nos relations avec Dieu ?

Le *Catéchisme* fait ensuite un constat. Dieu est de plus en plus absent de ce monde, les hommes méconnaissent ou rejettent le désir de Dieu qui est en eux, menant leur vie comme s'il n'existait pas. Pour quelles raisons ? « Ce "rapport intime et vital qui unit l'homme à Dieu" (GS 19, § 1) peut être oublié, méconnu et même rejeté explicitement par l'homme. De telles attitudes peuvent avoir des origines très diverses (cf. GS 19-21) : la révolte contre le mal dans le monde, l'ignorance ou l'indifférence religieuses, les soucis du monde et des richesses (cf. Mt 13, 22), le mauvais exemple des croyants, les courants de pensée hostiles à la religion, et finalement cette attitude de l'homme pécheur qui, de peur, se cache devant Dieu (cf. *Gn* 3, 8-10) et fuit son appel (cf. *Jon* 1, 3). » (*Catéchisme de l'Église Catholique*, n° 29).

Pour conclure notre méditation, fixons notre attention sur la dernière possibilité, la peur de Dieu, une peur qui pourrait nous amener à nous cacher de lui. Le *Catéchisme* nous fait remonter aux premiers moments qui ont suivi le péché originel, évoquant concrètement l'attitude d'Adam et d'Ève après l'avoir commis. Cela nous intéresse au premier chef, car en réalité il s'agit d'un trait permanent et universel de la personne humaine dans son rapport personnel à Dieu. Le livre de la Genèse écrit qu'« ils entendirent le pas de Yahvé Dieu qui se promenait dans le jardin à la brise du jour, et l'homme et sa femme se cachèrent devant Yahvé Dieu parmi les arbres du jardin. Yahvé Dieu appela l'homme : « Où es-tu ? » dit-il. » (*Gn* 3, 8-10)

Remarquons l'anthropomorphisme qui donne une grande force au récit. Dieu se promène à la brise du jour, cherchant un peu de fraîcheur. L'homme et la femme prétendent en vain échapper à son regard en se cachant parmi les arbres. Alors Dieu pose à l'homme cette question : *Où es-tu ?* Venant de Dieu, la question a de quoi surprendre. Dieu ne sait-il donc pas où Adam se cache ? Bien sûr que le Dieu tout-puissant et omniscient sait où Adam se cache, mais il lui laisse le soin de répondre. C'est en ce point précis que le texte prend une dimension universelle dans l'espace et dans le temps, tant et si bien que tout homme devrait se sentir directement concerné, spécialement dans l'usage qu'il fait de sa liberté.

Chaque homme doit répondre à la question, « où es-tu ? », que Dieu lui pose, Chacun de nous doit savoir où il se trouve face à Dieu et connaître la relation qui le lie à lui. D'abord et surtout quant aux choix fondamentaux de l'existence, ce que la tradition chrétienne appelle le « sens général de la vie ». Mais, il ne faut surtout pas penser qu'en nous posant la question Dieu cherche à nous faire sentir le poids de son autorité. Non, cette question a des accents tout à fait paternels. Où es-tu, où te caches-tu ? N'oublie pas que sans moi ou loin de moi tu ne pourras jamais être heureux, car j'ai mis au plus profond de ton être un désir irrépressible d'être avec moi. Sans moi, tu ne pourras pas non plus réparer les conséquences de tes mauvais choix et des erreurs que tu as commises.

En conclusion, chaque homme doit répondre à la question *où es-tu ?* Nous aussi. Au moment d'y répondre, deux possibilités uniquement s'offrent à nous : soit nous nous approchons de Dieu, soit nous nous en éloignons. Il n'est pas possible d'adopter une attitude neutre. « Qui n'est pas avec moi est contre moi, et qui n'amasse pas avec moi disperse » (Mt 12, 30). Pendant l'Année de la foi, mais aussi bien au-delà, n'hésitons pas à nous interroger souvent pour savoir où nous sommes par rapport à Dieu. Plus concrètement encore, *où en sommes-nous de nos relations avec lui ?* La place que nous lui réservons dans notre vie est-elle la place centrale ? Ne le fuyons pas, bien conscients qu'aucune créature ne pourra nous apporter autant de réconfort et d'assurance que lui. Laissons-nous examiner par son regard paternel et permettons-lui de poursuivre l'œuvre de création et de régénération qu'il a commencée en nous pour nous conduire à la patrie du ciel.

Puisse la Vierge Marie, notre Mère, qui a passé sa vie sur terre à exalter le Seigneur, nous aider à mieux comprendre la force et les possibilités, pratiquement infinies, du « désir de Dieu », ce désir que notre Créateur a mis au plus profond de notre être pour qu'il soit un moteur puissant qui nous permettra de parcourir le chemin jusqu'au bout.

III. LA RÉVÉLATION

Dieu à la rencontre de l'homme

> « Par la raison naturelle, l'homme peut connaître Dieu avec certitude à partir de ses œuvres. Mais il existe un autre ordre de connaissance que l'homme ne peut nullement atteindre par ses propres forces, celui de la Révélation divine (cf. Cc. Vatican I : DS 3015). Par une décision tout à fait libre, Dieu se révèle et se donne à l'homme. Il le fait en révélant son mystère, son dessein bienveillant qu'Il a formé de toute éternité dans le Christ en faveur de tous les hommes. Il révèle pleinement son dessein en envoyant son Fils bien-aimé, notre Seigneur Jésus-Christ, et l'Esprit Saint. » (*Catéchisme de l'Église Catholique*, n° 50)

Au moment de créer l'homme, Dieu a mis dans son cœur un désir d'absolu et d'infini que rien ne peut satisfaire, si ce n'est Dieu lui-même. La tradition chrétienne l'a appelé le « désir de Dieu ». Dès lors, si l'homme veut apaiser ses inquiétudes profondes, il doit entrer en communion personnelle et vitale avec Dieu, étant donné que Dieu n'est pas une idée ou un système de pensée mais un être personnel. Le *Catéchisme* affirme que cette communion est devenue possible dans la mesure où Dieu lui-même est sorti à notre rencontre. Depuis la création de nos premiers parents, il s'est souvent adressé aux hommes pour se révéler à eux et leur dévoiler les mystères de sa vie intime, ainsi que le dessein de salut et de bonheur qu'il a formé pour nous. Pour notre part, nous avons la possibilité de l'écouter dans la Sainte Écriture, dans les enseignements de l'Église et au plus profond de notre âme, et non seulement de l'écouter mais aussi de lui parler dans notre prière personnelle.

Dans son dialogue avec nous, il arrive souvent qu'il pose des questions personnelles. *Où es-tu ?* a-t-il demandé à Adam, après le premier péché. Nous avons souligné dans la méditation précédente combien cette question concerne chaque homme et quel est son sens précis. Où es-tu ? Comment te situes-tu par rapport à moi ? Quelle orientation as-tu donnée à la vie que tu as reçue de moi ? Des questions si essentielles que notre bonheur en dépend directement. À chaque fois, il nous laisse le soin d'y répondre. Il nous a créés pour que nous l'aimions de tout notre cœur et le bonheur pour nous consiste à l'aimer. Mais il nous a créés libres, car nul amour ne peut exister sans liberté. On ne peut pas aimer contraint et forcé. En même temps, le *Catéchisme* nous rappelle que Dieu n'est pas resté dans l'expectative, mais qu'il a pris les devants pour communiquer avec nous, sachant pertinemment que si nous sommes naturellement capables de le connaître et de l'aimer, encore faut-il que nous arrivions effectivement à le découvrir, à le reconnaître comme notre Dieu et à le fréquenter. Telle est une des finalités principales de la Révélation.

Dès leur création, Dieu a parlé à nos premiers parents pour leur confier une mission spécifique dans le monde. « Soyez féconds, multipliez, remplissez la terre et soumettez-la » (*Gn* 1, 28). C'est le premier d'une très longue série de dialogues qui iront jusqu'à la fin des temps et qui connaîtront un de leurs temps forts dans les *alliances* qu'il a conclues avec l'humanité, à des moments cruciaux de l'histoire du salut : avec Noé, Abraham et Moïse parmi d'autres. Finalement, l'Alliance nouvelle et éternelle est établie par le Christ et scellée par son sang. Ces alliances comportaient des droits et des devoirs réciproques, pour Dieu et pour les hommes. Si, assez souvent, les hommes ont été inconstants et infidèles, Dieu pour sa part a toujours tenu sa parole, cherchant dans sa bonté paternelle à réparer les conséquences fâcheuses qu'entraînaient nos péchés. Chaque alliance marquait une nouvelle étape dans sa Révélation, une nouvelle ouverture, pour que son message de salut parvienne à terme à l'ensemble de l'humanité.

Dieu a voulu aussi par ces alliances dévoiler aux hommes sa volonté, son désir de les faire entrer dans la gloire du ciel. Pour notre méditation, nous allons retenir surtout cet aspect de la Révélation, certainement l'un des plus importants de notre vie chrétienne. Dieu veut nous faire connaître son dessein bienveillant en notre faveur. Par quelles voies et selon quelles modalités ? Pour répondre à la question, profitons de l'expérience de certains personnages de l'Écriture. Je pense en particulier à saint Paul, à qui l'Église a récemment consacré une Année spéciale (2008-09). Il est vrai que la personnalité de l'Apôtre des Nations et la mission qu'il a accomplie font de lui un personnage à part. Mais il est tout aussi vrai que nous pouvons nous reconnaître dans son histoire, en découvrant certains traits qui le rendent très proche de nous.

Connaître et suivre la Volonté de Dieu

La clé d'une vie réussie est certainement le respect de la volonté de Dieu sur chacun de nous, dans un esprit d'obéissance filiale. Quelle a été l'expérience de saint Paul dans ce domaine ? Quels conseils nous a-t-il donnés ? La question a dominé très nettement l'ensemble de sa vie et de ses écrits, à telle enseigne que nous pouvons affirmer sans peur de nous tromper que son unique souci était l'accomplissement du plan de Dieu. Depuis sa conversion, il a investi toutes ses énergies à le chercher et à l'accomplir jusqu'au bout. Assez souvent, c'était l'Esprit Saint qui lui faisait connaître directement ses projets. « Comme ils vaquaient au service du Seigneur et qu'ils jeûnaient, l'Esprit-Saint dit : “Mettez-moi à part Barnabé et Saul pour l'œuvre à laquelle je les ai appelés » (Ac 14, 2). D'autres fois, en revanche, c'étaient plutôt les circonstances, les événements et les péripéties de la vie qui l'aidaient à découvrir ce que Dieu attendait de lui.

Sa mission a débuté au moment même de sa conversion, aux portes de Damas. C'est là qu'il a eu sa première rencontre avec le Christ. Jusqu'alors il croyait bien faire en persécutant les chrétiens, en pharisien zélé. Soudain, il se retrouve enveloppé de lumière, il entend la voix du Christ et engage un dialogue avec lui, en lui posant deux questions. D'abord « qui es-tu Seigneur ? », dans un souci bien compréhensible de savoir qui lui parlait. Puis, ayant appris que c'était le Christ, une seconde interrogation, « que dois-je faire ? », c'est-à-dire quelle est ta volonté sur moi ? Le Seigneur lui donne les instructions nécessaires. « Lève-toi et entre dans la ville, et on te dira ce que tu dois faire » (Ac 9, 6). Ces paroles renferment un enseignement précieux pour nous, à savoir que sa volonté nous parvient souvent par des intermédiaires.

Logiquement, cet épisode l'a profondément marqué jusqu'à la fin de sa vie. Pensons aux formules claires et d'une grande force qui émaillent ses épîtres : « Paul, Apôtre par *volonté* de Dieu », sa présentation la plus habituelle. « Voici la *volonté* de Dieu : c'est votre sanctification » (1 *Th* 4,3). « Dieu *veut* que tous les hommes soient sauvés et parviennent à la connaissance de la vérité » (1 Tm 2,3-4). Dans l'épître aux Éphésiens (cf. *Ep* 1,9-11), il évoque le « *dessein bienveillant* » que Dieu a formé pour nous. Voilà la volonté divine ! Que nous soyons saints et, par voie de conséquence, heureux et épanouis. Saints, parce que la sainteté est le but ultime de notre vie humaine et spirituelle, le point final de notre maturation personnelle, la vraie plénitude.

Quelle attitude faut-il avoir à l'égard de la volonté de Dieu ? C'est certainement une question d'une importance vitale, surtout pendant une Année de la Foi. Que chacun se la pose de la manière la plus concrète et personnelle possible. Quelle est mon attitude *de fond* quand je pense au projet de Dieu sur moi ? Est-ce qu'il m'arrive d'éprouver un sentiment de crainte ou de peur si la volonté divine est évoquée par les pasteurs de l'Église ou dans les lectures que je fais ? Une telle peur serait assez significative, peur de Dieu et de ses décisions, comme nos premiers parents au Paradis après le péché. Peur, pourquoi ? Peur, de qui ou de quoi ? Elle trahirait la faiblesse de notre foi. S'il nous arrivait d'éprouver un tel sentiment dans nos relations avec Dieu, un bon examen personnel deviendrait indispensable et urgent, étant donné que rien de mauvais ni de préjudiciable ne pourra jamais nous venir de celui qui est notre Père.

Saint Paul parle du « dessein *bienveillant* » de Dieu, et il l'est vraiment ! Se laisser aller à un sentiment de crainte pourrait donc révéler l'existence d'un obstacle qui nous sépare de lui. Se sachant coupables de leur péché, Adam et Ève n'avaient pas bonne conscience et ils ont cherché à se cacher. Peut-on raisonnablement avoir peur d'un père ou d'une mère, de son conjoint ou d'un ami fidèle ? Encore que dans tous ces cas, s'agissant d'êtres humains, une certaine crainte ne soit pas exclue, puisqu'un coup de colère, un malentendu, une réaction un peu trop viscérale, une certaine animosité etc. sont toujours possibles. Mais craindre que la sainte volonté de Dieu soit faite, jamais ! Si un tel sentiment s'emparait de nous, deux raisons pourraient en être la cause.

— Une connaissance insuffisante de la vraie nature de Dieu, de sa paternité et de son amour, pouvant conduire à voir en lui un Être lointain, peu soucieux de nos affaires et de nos problèmes. Ou un Être tyrannique et arbitraire, jaloux de ses prérogatives. Est-il possible que quelqu'un se forme une telle image de Dieu ? Malheureusement oui, surtout s'il mène une vie spirituelle languissante ou tiède. L'ignorance ou la méconnaissance sont toujours le fait d'un amour faible. Quand nous aimons pour de bon, nous souhaitons en savoir le plus possible sur celui ou celle qui suscite en nous cet amour. Si nous aimons Dieu de tout notre cœur, nous aurons un vif désir de mieux le connaître, de le fréquenter plus assidûment, et une meilleure connaissance pourrait dissiper toutes nos peurs. D'où certaines questions que chacun pourrait se poser. Sommes-nous fidèles à notre vie de prière, recevons-nous régulièrement les sacrements et apportons-nous le soin nécessaire à notre formation personnelle ?

— Il peut aussi s'agir d'un problème moral non encore résolu, peut-être d'un péché non confessé ou d'une situation personnelle incompatible avec la Loi morale, ou d'une mauvaise habitude contre laquelle nous ne sommes pas disposés à lutter, la trouvant plaisante : négliger nos devoirs familiaux pour nous investir un peu trop dans notre travail, faire des dépenses inutiles, accepter des sentiments peu charitables, la rancune ou la jalousie... Au fond de nous-mêmes, nous savons bien que Dieu nous demande de changer. Le problème est que nous y restons attachés, comme enchaînés, sans vraiment nous décider à y renoncer. Par conséquent, comme nous ne voulons pas le faire tout en sachant que Dieu nous le demande, nous sommes en porte-à-faux devant lui. Voilà une explication possible de notre peur !

Quoi qu'il en soit, dans un cas comme dans l'autre, il faudrait sortir de l'erreur, aller vers la lumière, analyser les raisons du malaise ressenti et nous convaincre qu'un manque de confiance est probablement à l'origine de tout. Ce qui est fort malheureux parce que le secret d'une vie réussie consiste à s'en remettre sans condition à la volonté paternelle de Dieu.

Une bonne conclusion pour notre méditation

Les idées que nous venons d'exposer nous font comprendre qu'il faut suivre une sorte d'itinéraire, si nous voulons découvrir et accomplir la volonté de Dieu nous concernant et parvenir ainsi au vrai bonheur et à la vraie paix, fruits savoureux de l'obéissance filiale.

— D'abord, être encore plus conscients que nous avons besoin de nous recueillir, dans le silence d'une prière personnelle. Dès que nous sommes dans la difficulté, nous devrions avoir le réflexe de nous adresser à Dieu. Mieux encore, cherchons à faire *habituellement* un peu de méditation et de prière mentale. C'est surtout là que Dieu nous parle, qu'il peut nous éclairer et nous aider à découvrir sa volonté, tout en nous donnant las forces nécessaires pour bien faire face à toutes les situations de la vie. Réfléchir, chercher auprès de Dieu l'explication de tout ce qui nous dépasse ou nous surprend, voilà des bons sujets de prière. Notre Père du ciel guidera nos raisonnements pour qu'ils soient droits et justes.

— Ensuite, Dieu fortifiera notre volonté pour que nous puissions adhérer à la sienne. C'est ce que le Christ a fait au Jardin des Oliviers. Il s'est appliqué le conseil qu'il avait donné sur la montagne, en proposant le « Notre Père ». Il a demandé à son Père que le calice passe loin de lui, tout en acceptant sans condition sa volonté. Il s'en remet à lui, sans vouloir dominer l'avenir ni garder le contrôle de tous les événements. Évitons absolument un piège dans lequel tombent un certain nombre de nos contemporains : les horoscopes, la chiromancie, les présages, l'astrologie, la voyance ; ou encore les superstitions, un pouvoir magique attribué à certaines pratiques, voire à des prières, tout en ne voulant pas changer ses propres dispositions intérieures ni vivre à fond sa fidélité à Dieu.

— Finalement, faisons l'effort nécessaire pour dominer nos passions et nos penchants naturels, tels que l'ambition, la vanité, l'orgueil, la jalousie, l'envie, la colère, le ressentiment ou la haine. Autrement, nous pourrions en devenir les esclaves et rester à la merci de nos états d'âme et de nos lubies. Or, toutes ces pensées et tous ces sentiments font écran entre Dieu et nous et déforment notre perception de sa volonté. Très précisément, Dieu nous accorde ses grâces pour nous aider à rester en toute circonstance, maîtres de nous-mêmes et à soumettre nos passions à la raison et la raison à Dieu. Pour être complet, ajoutons que la volonté de Dieu se manifeste aussi dans la vie courante, dans nos devoirs ordinaires, qui découlent directement de notre situation dans la vie et des engagements que nous avons librement pris.

« Parle, Seigneur, ton serviteur écoute », disons-nous comme le jeune Samuel. Nous t'écoutons quand tu nous parles par la voix des pasteurs de l'Église, mais aussi quand tu nous prodigues tes conseils dans l'intimité de notre prière personnelle. Nous voudrions imiter la Vierge Marie, toujours attentive à ta Parole qu'elle méditait posément dans son cœur pour répondre ensuite, comme elle l'a fait, « Qu'il m'advienne selon ta parole ».

Prions très fort notre Mère du ciel pour que la qualité de notre écoute et de notre fidélité quotidienne s'améliore au cours des mois à venir.

IV. LA TRADITION

La tradition et les traditions dans la vie de l'Église

> « Le Christ Seigneur en qui s'achève toute la Révélation du Dieu très haut, ayant accompli Lui-même et proclamé de sa propre bouche l'Évangile d'abord promis par les prophètes, ordonna à ses apôtres de le prêcher à tous comme la source de toute vérité salutaire et de toute règle morale en leur communiquant les dons divins » (*Catéchisme de l'Église Catholique*, n° 75)

« Allez donc, enseignez toutes les nations, les baptisant au nom du Père, du Fils et du Saint-Esprit, leur apprenant à observer tout ce que je vous ai commandé. Et moi, je suis avec vous tous les jours jusqu'à la fin du monde. » (Mt 28, 19-20) C'est la conclusion de l'Évangile selon saint Matthieu, les dernières instructions que le Christ a données aux apôtres, connues comme le *grand mandat apostolique*. Nous y trouvons à la fois une mission imposante, dépassant de beaucoup leurs faibles forces, et l'assurance de son soutien indéfectible, jusqu'à la fin des temps, dans l'accomplissement de leur folle mission.

Dieu nous a parlé pour nous aider à orienter notre vie vers notre véritable fin dernière et pour nous fournir les moyens nécessaires pour l'atteindre. Par elle-même, la Parole de Dieu est salvifique, mais pour qu'elle le soit effectivement, l'homme doit l'écouter et se conformer au message qu'elle lui livre. C'est pourquoi une question nous vient tout naturellement à l'esprit. Quand Dieu nous a-t-il parlé et où pouvons-nous trouver sa parole ? C'est dans ces termes que se pose le problème de la Révélation et de ses sources. La réponse s'articule autour de trois pôles intimement liés entre eux : la Tradition, la Sainte Écriture et le Magistère. Les trois méditations qui suivent vont les aborder dans cet ordre, dans une approche plus spirituelle que théologique, selon l'esprit dans cet ouvrage.

Commençons par la *Tradition*. Comment est-elle née ? Nous savons que les apôtres ont toujours eu une conscience très claire du devoir primordial de leur ministère : enseigner, faire connaître tout ce que le Christ leur avait communiqué. L'Église a connu sa première expansion le jour de la Pentecôte, grâce au discours de saint Pierre (cf. Ac 2), illustration évidente de cette conscience. Lors du premier problème d'ordre doctrinal — l'obligation de se faire circoncire que certains voulaient imposer aux néophytes issus de la gentilité — un concile apostolique se réunit à Jérusalem. Les assistants sont persuadés qu'il leur faut garder la doctrine transmise, ce qui constitue une manifestation claire de l'existence d'une Tradition vivante (cf. Ac 15).

Dans le prologue de son évangile, saint Luc se considère comme un maillon de cette chaîne : « Comme plusieurs ont entrepris de composer une relation des choses accomplies parmi nous, conformément à ce que nous ont *transmis* ceux qui ont été dès le commencement témoins oculaires et ministres de la Parole… » (*Lc* 1, 1-2). Saint Paul, quant à lui, emploie les termes techniques mêmes qui désignent la Tradition : « Car moi, j'ai *reçu* du Seigneur, ce que je vous ai *transmis*. » (1 Cor 11, 23) Par ailleurs, plusieurs années se sont écoulées avant que les premiers livres du Nouveau Testament ne soient rédigés, mais au cours de celles-ci, la prédication orale fut néanmoins particulièrement intense.

Dans la période post apostolique, un mot fait son apparition qui complète la notion de Tradition : le *dépôt*. La Révélation se termine par la mort du dernier apôtre. Aussi ceux qui n'ont plus été des témoins oculaires de la prédication du Christ et qui ont reçu la vérité révélée annoncée par lui, doivent-ils par dessus tout garder cette doctrine. « Par la vertu de l'Esprit Saint qui habite en nous, conserve le bon dépôt », écrit saint Paul à Timothée (1 Tm 1, 14). Le trait d'union entre l'époque apostolique et l'époque post apostolique est précisément ce dépôt que les apôtres ont confié à leurs successeurs, essentiellement par l'imposition des mains, c'est-à-dire par l'ordination épiscopale.

En outre, Dieu a disposé que ses révélations se transmettent de génération en génération au sein d'un peuple d'élection, dépositaire de ses promesses, l'Israël de l'Ancien Testament et le Nouvel Israël, l'Église de la Nouvelle Alliance. Dès lors, nous pouvons définir la *Tradition* comme *l'ensemble de doctrines et de règles transmises oralement à partir du Christ et de ses apôtres et confiées à l'Église pour qu'elle les garde, les interprète et les enseigne*. La Tradition précède et accompagne l'Écriture et son contenu en est plus large. Rappelons, à titre d'exemple, que c'est grâce à la Tradition que nous connaissons le canon des livres révélés, c'est-à-dire la liste complète de livres qui composent la Bible.

La Tradition et les traditions dans la vie chrétienne

Quoique la raison d'être ultime de la Tradition soit la transmission du dépôt de la foi, c'est-à-dire l'ensemble de vérités à croire et à pratiquer, sa présence dans la vie chrétienne couvre une réalité bien plus large. Nos ancêtres dans la foi ne se sont pas limités à nous transmettre les dogmes, les grandes vérités de la foi et les principes essentiels de la Loi morale. Ils nous ont aussi légué les trésors de la liturgie et de l'art chrétien, de la dévotion et de la piété des fidèles, des prières et des chants, des coutumes et des habitudes. Dans ce cas, pour éviter toute confusion, il vaut mieux employer le terme *traditions* au pluriel. Tout un trésor que nous avons reçu et qu'à notre tour, nous devons protéger, enrichir et transmettre à ceux qui viendront après nous.

L'Église est tout à fait consciente de l'importance du patrimoine chrétien. Dans les années qui ont suivi le Concile Vatican II, certains ont essayé de « dépouiller » notre foi (c'est le terme qu'ils employaient souvent), de la rendre plus conforme à ce qu'elle était aux origines, à l'époque des apôtres, sous prétexte que dans certaines régions du monde la piété et les pratiques chrétiennes avaient pu donner lieu à des abus ou à des interprétations peu conformes au sens chrétien authentique. C'est pourquoi, en décembre 2001, la Congrégation pour le Culte divin et la discipline des sacrements a publié un « Directoire sur la piété populaire et la liturgie ». Nous allons nous en inspirer pour trouver les meilleures conclusions possibles pour notre méditation.

Dans l'introduction, nous pouvons lire les propos suivants : « Au cours de cette période consécutive au renouveau conciliaire, la situation de la piété populaire chrétienne se présente de manières diverses en fonction des pays et des traditions locales. On note des attitudes contrastées, parmi lesquelles, il convient de citer : l'abandon manifeste et hâtif de formes de piété héritées du passé, qui a pour effet de laisser des vides qu'il est souvent impossible de combler ; l'attachement à des formes imparfaites ou erronées de dévotion, qui éloignent les fidèles de la révélation biblique authentique et qui entrent en concurrence avec l'économie sacramentelle ; des critiques injustifiées à l'encontre de la piété du peuple des humbles au nom d'une prétendue « pureté » de la foi ; l'exigence de sauvegarder les richesses de la piété populaire, qui est l'expression d'un sentiment religieux profond et mûr des croyants dans un espace et à une époque déterminés ; le besoin d'une purification des équivoques et la nécessité de se prémunir contre les dangers du syncrétisme ; la vitalité renouvelée de la religiosité populaire, qui exprime une résistance et une réaction envers une certaine culture technologico-pragmatique et l'utilitarisme économique ; un manque d'intérêt envers la piété populaire, qui n'a cessé de croître, et qui est dû aux idéologies de la sécularisation et à l'agression des "sectes" qui lui sont hostiles. » (*Directoire sur la piété populaire*, n° 1)

L'Église est donc bien consciente que quelques excès et certaines mauvaises interprétations ont pu se produire ici ou là et qu'il faudrait les corriger. Pour autant, elle n'est pas disposée à brader son patrimoine, les richesses et les trésors qu'elle a accumulés depuis ses origines, non sans une assistance particulière de l'Esprit Saint qui souffle où il veut et quand il veut. C'est pourquoi ce document assez long ajoute un peu plus loin : « Au cours des siècles, les Églises d'Occident se sont distinguées par leur capacité de développer et d'enraciner, dans le peuple chrétien, avec et à côté des célébrations liturgiques, des formes à la fois multiples et variées pour exprimer, avec simplicité et ferveur, la foi en Dieu, l'amour envers le Christ Rédempteur, l'invocation de l'Esprit Saint, la dévotion envers la Vierge Marie, la vénération des Saints, le devoir de la conversion et la charité fraternelle. » (n° 6)

En guise de conclusion, nous pouvons rappeler quelques unes de ces traditions de la dévotion et de la piété du peuple de Dieu, en suivant le schéma directeur du document cité. Une lecture personnelle du texte, à tête reposée, nous permettra d'aller plus loin dans la méditation de ces questions, si importantes pour notre fidélité chrétienne.

a) *L'Année liturgique et la piété populaire* (nos 94-182). Ici, il est question de toute une série de traditions en rapport avec les grandes fêtes liturgiques de l'année, parmi d'autres : la couronne de l'Avent ; la crèche ; la nuit de Noël ; la Sainte Famille ; la Chandeleur, fête de la Présentation du Seigneur ; le carême et les cendres ; la vénération de Jésus crucifié ; le Chemin de Croix ; les palmes et les rameaux d'olivier ou d'autres arbres ; le Triduum pascal ; les visites aux reposoirs la nuit entre les cérémonies du Jeudi et du Vendredi Saints ; l'évocation de la Vierge des Douleurs ; la bénédiction de la table familiale ; la bénédiction annuelle des familles dans leurs maisons ; l'adoration du Saint-Sacrement ; le Sacré-Cœur de Jésus-Christ ; le Cœur Immaculé de Marie ; la solennité de l'Assomption, et bien d'autres.

b) *La vénération envers la Sainte Mère du Seigneur* (nos 183-207). Le document résume ici quelques unes des dévotions mariales parmi les plus répandues et les plus riches : le samedi, jour marial par excellence ; les triduums, septénaires et neuvaines ; le *mois de Marie* ; quelques pieux exercices recommandés par le Magistère, tels que l'Angélus ou le Regina Cœli, le Rosaire, les Litanies de la Sainte Vierge, la consécration à la Vierge Marie, le scapulaire du Carmel, les médailles de la Vierge Marie, etc. Tout le monde reconnaît que la piété mariale est un des signes les plus caractéristiques de la foi catholique.

c) *La vénération des saints et des bienheureux* (n°s 208-247). D'abord, un rappel de quelques principes : « Le culte des saints, et spécialement des martyrs, qui s'enracine dans la Sainte Écriture (cf. *Ac* 7, 54-60 ; *Ap* 6, 9-11 ; 7, 9-17) est un fait très ancien, qui est attesté avec certitude dans l'Église, depuis la première moitié du IIe siècle ». Et de citer ensuite explicitement quelques saints ayant joué un rôle particulier dans l'histoire du salut : les Saints Anges, saint Joseph ou encore saint Jean Baptiste. L'Église nous rappelle aussi l'importance du culte des saints et des bienheureux, la célébration de leur fête, l'importance de leurs reliques, des icônes et des processions.

d) *Les suffrages pour les défunts* (n°s 248-260). Encore une belle tradition qui remonte aux temps apostoliques et qui est l'expression de notre foi en la résurrection des morts : « Je crois à la résurrection de la chair et à la vie éternelle », affirme le Symbole des Apôtres. La doctrine catholique sur la purification après la mort « a suscité la pieuse habitude des prières de suffrages pour les âmes du Purgatoire. Elles sont une supplication pressante adressée à Dieu pour qu'il accorde sa miséricorde aux fidèles défunts, qu'il les purifie du feu de sa charité et les introduise dans son Royaume de lumière et de vie » (*Directoire* n° 251).

e) *Les sanctuaires et les pèlerinages* (n os 261-287). « Le sanctuaire, qu'il soit dédié à la Très Sainte Trinité, au Christ Seigneur, à la bienheureuse Vierge Marie, aux Anges, aux Saints ou aux Bienheureux, est sans doute l'un des lieux où les rapports entre la Liturgie et la piété populaire sont les plus fréquents et concrets. » (n° 262). Par leur notoriété ou en raison de la fête des patrons auxquels ils sont dédiés, ils offrent l'occasion de recevoir les sacrements de l'Eucharistie, de la Réconciliation ou de l'Onction des malades. Le sanctuaire est un lieu excellent d'évangélisation, de charité, de culture et la destination de nombreux pèlerinages.

Notre conclusion ? Gardons précieusement la Tradition et les traditions de l'Église, sachant qu'en cette matière la meilleure protection consiste à intégrer dans notre vie toutes ces manifestations merveilleuses de l'amour de Dieu, de la Vierge Marie et des saints, ainsi que de notre prochain à qui nous voudrions faire partager notre foi.

Prions la Vierge Marie, notre Mère, de nous aider à avoir la même attitude qu'elle a eue constamment tout au long de son parcours terrestre et que saint Luc résume dans son Évangile : « Quant à Marie, elle conservait avec soin toutes ces choses, les méditant dans son cœur » (*Lc* 2, 19). Nous aussi, conservons avec soin *toutes ces choses*, les richesses que l'Esprit Saint a déversées sur l'Église et sur ses enfants depuis la Pentecôte, pour nous le plus beau et le plus merveilleux des héritages !

V. LA SAINTE ÉCRITURE

L'homme, à l'écoute de Dieu

> « Dans l'Écriture Sainte, l'Église trouve sans cesse sa nourriture et sa force (cf. DV 24), car en elle, elle n'accueille pas seulement une parole humaine, mais ce qu'elle est réellement : la Parole de Dieu (cf. 1 *Th* 2, 13). « Dans les Saints livres, en effet, le Père qui est aux Cieux vient avec tendresse au-devant de ses fils et entre en conversation avec eux » (DV 21). » (*Catéchisme de l'Église Catholique*, n° 104)

« Quand Dieu s'est-il adressé aux hommes et où pouvons-nous trouver sa Parole ? », nous demandions-nous dans la méditation précédente. Notre foi répond que cette Parole a été mise par écrit dans les livres de la Sainte Écriture, grâce à la Tradition orale qui remonte au Christ lui-même. Ces deux sources, Écriture et Tradition, ont été confiées à l'Église comme un dépôt intangible. À proprement parler, il n'est pas tout à fait exact de parler de sources, au pluriel. La Tradition et l'Écriture jaillissent d'une unique source divine et ne forment qu'un tout visant la même fin. Aussi vaudrait-il mieux parler de canaux ou de voies par lesquels nous parvient la parole divine. Nous disions aussi que la réception de la Révélation de Dieu s'articule autour de trois pôles : Tradition, Écriture et Magistère.

Voici comment le Concile Vatican II présente leurs liens

intimes : « La sainte Tradition et la sainte Écriture constituent un unique dépôt sacré de la parole de Dieu, confié à l'Église. [...] La charge d'interpréter de façon authentique la parole de Dieu, écrite ou transmise, a été confiée au seul magistère vivant de l'Église dont l'autorité s'exerce au nom de Jésus-Christ. [...] Il est donc clair que la sainte Tradition, la sainte Écriture et le magistère de l'Église, par une très sage disposition de Dieu, sont tellement reliés et solidaires entre eux qu'aucune de ces réalités ne subsiste sans les autres, et que toutes ensemble, chacune à sa façon, sous l'action du seul Esprit-Saint, contribuent efficacement au salut des âmes » (Constitution *Dei Verbum*, nos 9-10).

Nous appelons Bible ou sainte Écriture l'ensemble de livres qui « écrits sous l'inspiration du Saint Esprit ont Dieu pour auteur et ont été transmis comme tels à l'Église » (Concile du Vatican I, Cons. *Dei Filius*, ch. 2). Le peuple élu avait conscience de posséder des livres révélés et, après la prédication du Christ et des apôtres, l'Église elle aussi professe une foi identique. En rapport avec les deux étapes successives de l'histoire du Salut, les deux grandes parties de la Bible sont l'Ancien et le Nouveau Testament. Les livres de la première partie nous rapportent les interventions de Dieu dans l'histoire de son peuple pour préparer la venue du Messie, le Verbe incarné. La deuxième partie nous fait connaître les paroles et les actes par lesquels le Christ a opéré la Rédemption. Dans les deux cas, l'auteur principal de tous les livres est Dieu lui-même.

La Parole de Dieu dans notre vie quotidienne

« Parlez, Seigneur, votre serviteur écoute ». Le jeune Samuel servait le Seigneur sous les yeux d'Héli, le grand prêtre. À cette époque, rare était la parole du Seigneur. Une nuit, Samuel reposait dans le temple, où se trouvait l'arche de Dieu. Le Seigneur appela Samuel. Croyant qu'Héli l'avait appelé, il courut auprès de lui : « Me voici, tu m'as appelé ». Héli détrompa l'enfant qui alla se recoucher. À trois reprises Samuel crut qu'Héli l'appelait. Finalement, le grand prêtre comprit que c'était le Seigneur qui parlait à Samuel et lui recommanda, s'il se manifestait à nouveau, de l'inviter à lui parler. « Alors le Seigneur vint se placer près de lui et l'appela comme les autres fois : « Samuel, Samuel ! » « Parlez, répondit l'enfant, votre serviteur écoute » (cf. 1 *Sam* 3, 1 suiv.).

Ce passage nous offre un merveilleux exemple de la manière dont nous devons écouter la parole de Dieu et accueillir le message qu'elle nous transmet. « Parle, Seigneur, car ton serviteur écoute ». Le saint-père Benoît XVI nous a donné de précieuses indications dans son Exhortation apostolique *Verbum Domini* (30 septembre 2010) qu'il est vivement conseillé de lire et de méditer. Pour notre méditation, dont le but est de nous rendre plus attentifs et réceptifs à la Parole de Dieu dans notre vie quotidienne, nous pouvons citer un de ses paragraphes (n° 23) : « Dans ce dialogue avec Dieu, nous nous comprenons nous-mêmes et nous trouvons la réponse aux interrogations les plus profondes qui habitent notre cœur. Car la Parole de Dieu ne s'oppose pas à l'homme, ne mortifie pas ses désirs authentiques, bien au contraire, elle les illumine, les purifie et les mène à leur accomplissement. Comme il est important pour notre temps de découvrir que seul Dieu répond à la soif qui est dans le cœur de tout homme ! »

C'est un aspect important de l'Incarnation du Fils de Dieu. Le Verbe s'est fait chair et ainsi la Parole de Dieu devient audible pour nous et nous transmet un message. Dans les livres de la Sainte Écriture, le Verbe s'est fait discours, exhortation, poème, récit épique, proverbe, allégorie, parabole, prière, offrande ou supplication, pour nous aider à vivre au diapason de Dieu. Dans ce sens, chaque fois que quelqu'un ouvre un des livres saints, Dieu prononce son Verbe et le rejoint dans son aujourd'hui personnel. Rien dans notre vie ne laisse Dieu indifférent, lui qui est notre Père et suit de près chacun de nos pas. À chaque fois, Dieu parle à son Église et à chacun de nous. Comment accueillons-nous sa parole ?

Nous trouvons chez nos ancêtres dans la foi, les premiers chrétiens, des textes qui sont de véritables trésors, commentant et rendant accessible à tous la Parole de Dieu : les Pères de l'Église, les écrivains ecclésiastiques ou encore les actes des martyrs. La Parole de Dieu germait dans des conditions difficiles, souvent dans la clandestinité. Les chrétiens se réunissaient dans une maison ou sous terre, dans les catacombes. Animés d'un vif désir de Dieu, ils écoutaient cette Parole, les textes révélés et les épîtres de leurs pasteurs, tout tremblants d'émotion, de respect et de foi. Souvent, ils en ont payé le prix : leur sang versé contre une parole divine. Ils ont été les témoins de la Parole, transmise par écrit et par oral. Nous pouvons aussi évoquer les saints, maillons fidèles de cette chaîne de fidélité à la parole. Que d'heures passées à la méditer jusqu'à s'en imprégner profondément ! Quelle richesse dans leurs commentaires !

Qu'en est-il pour nous, chrétiens du XXIe siècle ? N'est-il pas vrai que, parfois, nous trouvons à la messe une assemblée peu concentrée, mal réveillée, écoutant les lectures d'une oreille distraite, ayant en tête ses projets pour la journée ou des affaires finalement assez terre-à-terre ? Quel contraste avec les premiers chrétiens dans les catacombes, émus aux larmes, risquant joyeusement leur vie pour avoir droit à la table de la Parole et à la table de l'Eucharistie ! Que chacun de nous fasse un effort pour que, partout dans l'Église, un meilleur accueil soit réservé à la Parole ! Un accueil qui aille dans le sens des propositions qu'un des derniers synodes ordinaires des évêques a formulé au saint-père et que celui-ci a prises en compte pour la publication de son Exhortation *Verbum Domini*, déjà citée. Inspirons-nous-en pour conclure notre méditation.

Quelques suggestions pour des résolutions pratiques

— *Première idée, le texte de « Verbum Domini » n° 23, §-1.* Benoît XVI rappelle que nous pouvons trouver dans la Bible la réponse à nos interrogations les plus profondes. Nous en avons déjà évoquées quelques unes dans d'autres méditations, les questions existentielles sur la vie et la mort, ou la place et le rôle de l'homme dans le monde. Mais aussi, et peut-être surtout, celles qui occupent actuellement notre esprit : projets ou problèmes, soucis et tracas, difficultés diverses qui nous compliquent la vie. Le saint-père parle des « désirs *authentiques* de l'homme », soulignant l'importance du mot *authentique*, synonyme de réel et vrai, des désirs sincères qui correspondent à notre nature authentique. Nous pourrions dire des désirs *légitimes*, selon la volonté de Dieu.

« Dieu ne mortifie pas ces désirs authentiques ni ne les contrarie ». Sa Parole les illumine, les purifie et les mène à leur accomplissement. Voilà un beau programme pour les mois à venir. Chacun pourrait s'interroger sur ses motivations et ses *vrais* désirs actuels, étant bien conscient que la Parole de Dieu offre une lumière puissante, la meilleure, pour éclairer notre conscience et notre cœur et nous mettre à l'abri du risque de nous abuser nous-mêmes ou de nous laisser trop influencer par nos sentiments naturels, nos passions et nos préjugés. Qui plus est, la Parole de Dieu *purifie* tous ces désirs, en garde ce qui est bon et les fait ensuite aboutir le plus parfaitement possible.

— *Deuxième idée* : « À notre époque et surtout en Occident, s'est malheureusement diffusée l'idée que Dieu est étranger à la vie et aux problèmes de l'homme et, plus encore, que sa présence peut être une menace pour son autonomie. En réalité, toute l'économie du Salut nous montre que Dieu parle et intervient dans l'histoire en faveur de l'homme et de son salut intégral. » (*Verbum Domini*, n° 23) Il est évident que le risque évoqué ne nous concerne pas trop en tant que catholiques. Nous ne voyons sûrement pas en Dieu quelqu'un qui pourrait nous menacer. Cela dit, ce risque peut se présenter sous des formes beaucoup plus subtiles, comme par exemple penser que ce que l'Église nous demande restreint notre autonomie, que notre bonheur consiste à suivre nos propres idées et nos impulsions naturelles et que la pratique des vertus chrétiennes — sobriété et tempérance, obéissance, humilité, pénitence, pauvreté, sainte pureté, etc. — est une contrainte.

Non ! dit le pape : la Parole répond entièrement à nos problèmes. La Parole et les enseignements de l'Église, apportent la vraie réponse. C'est justement l'un des objectifs primordiaux de l'Année de la Foi. Elle nous propose une vue d'ensemble de notre vocation chrétienne, grâce à toute une panoplie de moyens : des documents, la prédication, les lectures et l'étude personnelle, et bien d'autres. D'où l'importance d'écouter, de méditer, de prendre peut-être des notes, conscients que c'est Dieu qui nous parle. C'est lui le Semeur qui sort pour jeter ses grains, la vraie lumière se trouve dans tout ce que nous allons entendre. La Parole peut purifier notre esprit et notre cœur, nos idées et nos projets, elle peut assainir et guérir ce qui devrait être assaini et guéri en nous. Encore faudrait-il, commentait Benoît XVI, se laisser *instruire et modeler* par la Parole.

— *Dernière idée* : « Il est donc important, d'un point de vue pastoral, de présenter la Parole de Dieu dans sa capacité de répondre aux problèmes que l'homme doit affronter dans la vie quotidienne. Jésus se présente justement à nous comme celui qui est venu pour que nous puissions avoir la vie en abondance (cf. *Jn* 10, 10). Pour cela, nous devons déployer tous nos efforts pour que la Parole de Dieu apparaisse à chacun comme une ouverture à ses problèmes, une réponse à ses questions, un élargissement des valeurs et en même temps comme une satisfaction apportée à ses aspirations. » (Verbum Domini 23, §-3). Le résultat final, c'est le bonheur, la paix et la joie. Pas n'importe quel bonheur, mais « la plénitude de l'éternelle félicité ».

Puisse la Vierge Marie, elle qui a dit « qu'il m'advienne selon ta *Parole* », nous aider à être plus réceptifs et dociles à la Parole de Dieu, encore plus conscients qu'il s'agit toujours de la Parole d'un Père qui nous aime avec une tendresse infinie et ne veut que notre bonheur

VI. LE MAGISTÈRE

L'héritage de la foi confié a l'Église

> « La charge d'interpréter de façon authentique la Parole de Dieu, écrite ou transmise, a été confiée au seul Magistère vivant de l'Église dont l'autorité s'exerce au nom de Jésus-Christ. (DV 10), c'est-à-dire aux évêques en communion avec le successeur de Pierre, l'évêque de Rome. » (*Catéchisme de l'Église Catholique*, n° 85)

La Constitution *Dei Verbum* du Concile Vatican II enseigne que les révélations que Dieu a faites aux hommes, que nous appelons dans leur ensemble la *Révélation*, s'articulent autour des trois pôles, intimement liés entre eux : la Tradition, la Sainte Écriture et le Magistère. Le *Catéchisme* indique précisément une des fonctions que le Magistère de l'Église est appelé à remplir : l'interprétation authentique de la Tradition et de l'Écriture. Compte tenu de l'importance de la question, nous allons faire quelques réflexions sur la nature et l'exercice du pouvoir d'enseignement dans l'Église.

« Celui qui vous écoute m'écoute, et celui qui vous rejette me rejette ; or celui qui me rejette, rejette celui qui m'a envoyé » (*Lc* 10, 16), a dit le Seigneur aux soixante douze disciples, au moment de les envoyer en mission. Il précisait ainsi l'autorité des successeurs de Pierre et des apôtres, le saint-père et les évêques, dans leur fonction d'enseignement. Il est de leur devoir d'interpréter de manière authentique la Parole de Dieu, de proclamer les principes moraux qui doivent régir le comportement personnel et social des chrétiens, de donner leur avis lorsque le salut des âmes ou les droits fondamentaux de la personne sont en jeu, de rectifier les erreurs ou les affirmations hasardeuses, etc. Autrement dit, d'être une lumière qui éclaire le cheminement des fidèles vers le Royaume de Dieu.

Il existe deux expressions du magistère, l'une ordinaire et l'autre extraordinaire, les deux réclamant l'adhésion des chrétiens. Comme le sujet est capital, la Constitution *Lumen Gentium* lui a consacré plusieurs paragraphes. Nous pouvons citer quelques lignes du numéro 25 : « Cette soumission religieuse de la volonté et de l'intelligence, on doit tout particulièrement l'offrir au magistère authentique du Pontife romain, même quand il ne parle pas *ex cathedra*, de telle sorte que son suprême magistère soit respectueusement accepté et qu'avec sincérité l'on adhère aux décisions qui émanent de lui, selon sa propre pensée et sa volonté manifeste ; celles-ci se manifestent spécialement soit par la nature des documents, soit par de fréquents retours sur la même doctrine, soit dans la manière même de parler. »

Il n'est pas nécessaire que le pape parle *ex cathedra* pour qu'il y ait infaillibilité. Jean-Paul II l'a bien montré en confirmant le caractère illicite de l'avortement ou de l'euthanasie, en tant qu'actions intrinsèquement mauvaises (cf. Encyclique *Evangelium Vitæ*). Ou lorsque, après avoir rappelé la tradition constante et universelle de l'Église, il affirme : « Afin d'écarter tout doute sur une question de grande importance, qui concerne la constitution divine de l'Église elle-même, en vertu de mon ministère de confirmer mes frères dans la foi, je déclare que l'Église n'a, en aucune façon, la faculté de conférer l'ordination sacerdotale aux femmes et que cette déclaration doit être considérée comme définitive par tous les fidèles de l'Église. » (*Ordinatio sacerdotalis*, 22 mai 1994).

Notre fidélité au magistère de l'Église dans la vie quotidienne

La confiance totale que nous avons en Dieu et en son Église nous fait voir dans le pouvoir du magistère un atout maître, la garantie que nous serons toujours bien éclairés et soutenus pour rester fidèles aux exigences de notre foi, notamment lorsque des problèmes complexes se poseront à nous ou à la société. N'y voyons jamais une contrainte, un exercice arbitraire de l'autorité ou une atteinte à notre liberté personnelle. Le Saint-Esprit veille sur l'Église et sur nous pour nous aider à garder le cap, quelles que soient les circonstances.

À titre d'exemple, nous allons nous inspirer d'un passage qui compte parmi les plus beaux et les plus réconfortants de l'Évangile, l'apparition de Jésus aux deux disciples d'Emmaüs. Nous y trouvons côte à côte, en effet, le Maître qui enseigne, éclaire, rassure et corrige et les deux disciples qui vont revenir sur le bon chemin et recouvrer la joie perdue. Comment saint Luc présente-t-il les personnages ? Le passage étant assez long, je vous conseille de le relire calmement (*Lc* 24, 13-35). Citons-en néanmoins les premiers versets : « Or, ce même jour, deux d'entre eux se rendaient à un bourg, nommé Emmaüs, distant de Jérusalem de soixante stades, et ils causaient entre eux de tous ces événements. Tandis qu'ils causaient et discutaient, Jésus lui-même, s'étant approché, se mit à faire route avec eux, mais leurs yeux étaient empêchés de le reconnaître. Il leur dit : "De quoi vous entretenez-vous ainsi en marchant ?" Et ils s'arrêtèrent tout tristes. » Mettons bien en lumière les aspects les plus intéressants du passage.

— *Saint Luc dit « deux d'entre eux », c'étaient donc des disciples qui avaient suivi le Christ.* Telle était leur identité, des hommes qui collaboraient personnellement à sa mission, l'annonce de la Bonne Nouvelle du salut et la proclamation du Royaume. Ils faisaient probablement partie du groupe des soixante-douze disciples (cf. *Lc* 10).

— *Le Seigneur les invite à ouvrir leur cœur.* Il les encourage à parler, car l'homme a besoin de s'ouvrir sur ses soucis, ses doutes et ses inquiétudes. Il a besoin de trouver un bon conseil et des lumières pour résoudre ses problèmes. Rien de plus lourd à porter qu'un événement pénible, apparemment dépourvu de sens et déroutant, dont on ne peut parler à personne.

— *Sans trop d'effort, ils parlent.* Le Seigneur écoute leur version des événements. Leurs propos trahissent lassitude, tristesse et fatigue. C'est pourquoi ils s'en vont, cherchant le chaud refuge d'Emmaüs. « Quant à nous, nous espérions que ce serait lui qui délivrerait Israël ; mais, en plus de tout cela, on est au troisième jour depuis que cela s'est passé. » Nous espérions ! Qu'il est triste le verbe *espérer* conjugué à l'imparfait ! J'espérais… mais je n'espère plus !

— *C'est alors qu'il leur donne la vraie explication.* « Ô hommes sans intelligence et lents de cœur pour croire à tout ce qu'ont dit les prophètes ! Ne fallait-il pas que le Christ souffrît cela pour entrer dans sa gloire ? » Toute une série de vérités que Dieu avait maintes fois annoncées mais qu'ils n'avaient pas encore bien comprises ou qu'ils avaient déjà oubliées. Derrière la plupart de nos inquiétudes, il y a presque toujours une méconnaissance ou des oublis plus ou moins coupables.

— *Après quoi, il va leur faire sentir son amour.* Dans notre vie l'amour est l'élément clé. Une fois arrivés chez Cléophas, il va passer un long moment avec eux, ils vont partager le repas, probablement la fraction du pain, l'Eucharistie. La grâce de la Résurrection va agir à fond pour les transformer. « Est-ce que notre cœur n'était pas brûlant en nous, lorsqu'il nous parlait sur le chemin, tandis qu'il nous dévoilait les Écritures ? »

Au vu de cet exemple, nous pouvons comprendre un peu mieux l'importance du rôle du pontife romain et de sa mission d'enseignement dans l'Église, son magistère, c'est-à-dire son action comme *Magister*, Maître. Que seraient devenus ces deux hommes sans les explications du Christ ? Ils avançaient l'âme habitée par de tristes pensées. Trois jours déjà passés ! Rejoins par le Christ, l'ayant écouté, ils ressentent une "brûlure" dans leur âme. La lumière de l'Écriture a percé la dureté de leur cœur et ouvert leurs yeux. Ils le reconnaissent à la fraction du pain, pour retourner finalement à Jérusalem et reprendre leur mission d'apôtres.

Sur l'ensemble du passage, nous ne trouvons qu'un seul vrai reproche de la part du Seigneur. Plein de compréhension, il n'était pas venu pour les accabler mais pour les encourager et les relancer. « Hommes sans intelligence et *lents de cœur* pour croire à tout ce qu'ont dit les prophètes ! » Voilà les dégâts que peut produire le manque de foi ou une foi faible et défaillante. Tout est là, dans ce reproche affectueux, dans ces quelques mots : *lents à croire*. Vous le voyez bien ! Le Christ ne les a pas rejoints pour les *forcer* à croire, mais pour les y aider. Il est la « Lumière du monde, la Voie, la Vérité et la Vie », la voie vers le Père. Ses enseignements ne visent pas à détruire l'homme, à l'écraser ou à l'humilier. Ils se proposent d'ouvrir notre tête et notre cœur à la vérité, sa vérité, la seule qui soit absolue et qui puisse nous rendre libres.

Pourtant, c'étaient des juifs pieux, pratiquants, ayant reçu une formation ; mais livrés à eux-mêmes, leur esprit est en déroute à l'heure de l'épreuve, tout en étant trop sûrs d'eux-mêmes. Pour eux tout était fini, le Christ avait échoué malgré sa bonne volonté. *Un point, c'est tout*, pourrait-on dire. Or, le Seigneur est vraiment le Bon Pasteur à la recherche de la brebis égarée. Égarée pas uniquement à cause d'une mauvaise conduite, mais égarée aussi et surtout intellectuellement, dans le domaine de la foi, de la compréhension de la Révélation et de ses enseignements. Tout bien considéré, ce genre d'égarement est plus pernicieux et dommageable qu'un désordre moral. C'est probablement un des textes qui justifient le mieux la mission de l'Église et du pape. Les moyens du salut se trouvent dans l'Église, d'abord dans les enseignements du Magistère et, ensuite, dans les sacrements, la vie liturgique et la prière.

Nos conclusions

Servons-nous d'une image pour résumer l'importance du Magistère de l'Église. Je l'ai empruntée à Ronald Knox, l'écrivain catholique anglais, bien connu pour ses « Sermons » alliant la piété à la doctrine. Un jour, il faisait une de ses causeries habituelles à un groupe d'étudiants catholiques d'Oxford. Le sujet en était justement la mission d'enseignement de l'Église, aussi bien pour les vérités dogmatiques que pour les obligations morales. Pour illustrer ses propos, il faisait appel à une image très classique, celle des bouées ou des balises employées dans la navigation, des corps flottants qui signalent l'emplacement d'un mouillage, d'un écueil, d'un obstacle ou qui délimitent une passe ou un chenal. On peut naviguer sans danger et sans crainte à l'intérieur de ces limites ; en dehors il existe toujours le risque de tomber sur un banc de sable et de s'enliser. Tant que notre pensée et nos actes restent à l'intérieur de ces limites établies par l'Église, on peut avancer tranquillement. Dès qu'on franchit ces limites, il y a danger, même mortel. Cela concerne tout aussi bien les vérités dogmatiques que les commandements, car les deux aspects sont liés. Notre foi n'est pas une simple théorie ou un système de pensée. Le Christ a dit : Je suis la « Voie », un chemin à parcourir, sans jamais s'en écarter. Ce qui nous amène à une double conclusion.

— *D'une part, faisons l'effort nécessaire pour bien connaître la Révélation de Dieu sur lui-même, sur nous et sur le monde.* Tous les grandes dogmes de notre foi : la Très Sainte Trinité, l'Incarnation, la Rédemption, l'au-delà, la Vierge Marie, etc. Redécouvrons la beauté extraordinaire de notre foi catholique ! Concrètement, décidons-nous à lire le *Catéchisme de l'Église Catholique*, ou son *Compendium*, petit à petit, en le savourant. Benoît XVI l'a vivement recommandé comme outil de la nouvelle évangélisation et pour l'Année de la Foi.

— *D'autre part, cherchons dans le Magistère des orientations claires pour tous les problèmes moraux, anciens ou récents*, concernant la justice, l'éthique professionnelle, la vie conjugale et sexuelle ou l'amour du prochain. Faute de quoi, non seulement nous aurions beaucoup de mal à avancer vers la sainteté, mais nous courrions en plus le risque de tout manquer. En outre, n'oublions pas que l'Église nous propose aussi la Parole de Dieu dans ses aspects les plus ascétiques, des textes spirituels, tels que les allocutions du saint-père, des homélies, des méditations, etc. qui peuvent nourrir notre vie intérieure.

Paul VI a reconnu à la Vierge Marie le titre de *Mater Ecclesiæ*, Mère de l'Église. Invoquons-la souvent sous ce vocable et, comme elle, écoutons tout, retenons tout pour ensuite le méditer dans notre cœur et le faire passer dans notre vie de tous les jours.

VII. LA RÉPONSE DE L'HOMME

L'obéissance de la foi

> « *Par sa révélation*, « provenant de l'immensité de sa charité, Dieu, qui est invisible s'adresse aux hommes comme à ses amis et converse avec eux pour les inviter à entrer en communion avec lui et les recevoir en cette communion » (DV 2). La réponse adéquate à cette invitation est la foi. *Par la foi* l'homme soumet complètement son intelligence et sa volonté à Dieu. De tout son être l'homme donne son assentiment à Dieu révélateur (cf. DV 5). L'Écriture Sainte appelle « obéissance de la foi » cette réponse de l'homme au Dieu qui révèle (cf. *Rm* 1, 5 ; 16, 26). » (*Catéchisme de l'Église Catholique*, n°s 142-143)

Pourquoi Dieu a-t-il décidé de révéler aux hommes sa vie intime et les vérités fondamentales ? Pourquoi nous a-t-il parlé et confié le dépôt de la foi ? Ces questions et bien d'autres, nous devons très logiquement nous les poser. Saint Paul, avec son génie habituel, a répondu admirablement à ces interrogations dans sa première épître à Timothée, son disciple bien-aimé : « Dieu veut que tous les hommes soient sauvés et parviennent à la connaissance de la vérité » (1 Tm 2, 4). Sans trahir sa pensée, nous pourrions intervertir les termes de la proposition : Dieu veut que tous les hommes parviennent à la connaissance de la vérité et qu'ainsi ils puissent obtenir leur salut. Seule la vérité, la vérité de Dieu, peut nous sauver.

Dieu a parlé et l'Église, fidèle à sa fonction d'enseignement, nous propose les vérités révélées dans un ensemble cohérent et très bien structuré. Dès lors, si je peux me permettre une expression bien connue dans le monde du sport, la balle est dans notre camp. Dieu a engagé un *vrai* dialogue avec nous dans lequel il nous interroge et nous sommes tenus de lui répondre. Se taire ou faire « la sourde oreille », selon une autre expression populaire, c'est déjà une réponse qui est une réponse négative. « Obéir [du latin *ob-audire*, écouter) dans la foi, c'est se soumettre librement à la parole écoutée, parce que sa vérité est garantie par Dieu, la Vérité même », poursuit le *Catéchisme*.

Dans cette nouvelle méditation, nous allons considérer certains aspects de notre foi, plus concrètement de l'« acte de foi », celui par lequel nous donnons notre assentiment aux vérités révélées. Nous allons voir que dans cet acte notre intelligence et notre volonté coopèrent avec la grâce divine. « Croire est un acte de l'intelligence adhérant à la vérité divine sous le commandement de la volonté mue par Dieu au moyen de la grâce », a écrit un des plus grands théologiens de tous les temps, saint Thomas d'Aquin (Somme Théologique, 2-2, q. 2, a. 9). Il n'y a rien d'irrationnel dans l'acte de foi, mais un respect scrupuleux des exigences de notre raison, comme le saint-père Benoît XVI le rappelle sans cesse.

La lumière de la foi

Sur la montagne, le Seigneur a eu recours à une image qui peut nous aider à mieux comprendre la nature et les modalités de l'acte de foi et, par conséquent, de l'esprit d'obéissance qui l'accompagne. « La lampe du corps, c'est l'œil. Si donc ton œil est sain, tout ton corps sera éclairé ; mais si ton œil est gâté, tout ton corps sera dans les ténèbres. Mais si la lumière qui est en toi est ténèbres, quelles ténèbres ! » (Mt 6, 22-23) Il y est question d'une lampe et de la lumière qu'elle répand alentour, une image assez classique dans la vie intellectuelle compte tenu de son symbolisme. La réalité reste toujours la même, mais la perception que nous en avons dépend en grande partie de l'éclairage. Elle se présente à nous sous des formes différentes en fonction de la lumière. Un paysage n'est pas le même au lever qu'au coucher du soleil. Dans une pièce, un éclairage faible laisse dans l'ombre un grand nombre d'objets, alors qu'un éclairage puissant met en évidence aussi bien l'ensemble que les détails.

C'est l'image que le Christ a choisie pour évoquer les réalités de la vie de la grâce, appelée aussi *vie sur-naturelle*, parce qu'elle se situe au-dessus des capacités de la nature humaine. Dieu, l'éternité, la Création et la Rédemption, l'Église, les sacrements, notre dialogue avec Dieu dans la prière…, toutes ces réalités sont bien là, quand bien même elles échapperaient au regard d'un grand nombre ou seraient mal connues d'autres, compte tenu de leurs préjugés. L'homme ne *crée* pas la réalité mais la découvre, la saisit et l'interprète, dans le plus grand respect des données naturelles et surnaturelles. Ces images — l'œil, la lampe et la lumière — représentent plusieurs choses, entre autres les différentes espèces de connaissance (sensitive, expérimentale, rationnelle, scientifique, fondée sur la foi, etc.) qui sont à la base de notre activité intellectuelle. Il ne sera pas inutile ni superflu que nous les rappelions très sommairement pour mieux comprendre les propos du Christ.

La connaissance est la première activité de l'homme en tant que créature dotée de raison. C'est une opération de son esprit qui suit un processus que les philosophes décrivent admirablement mais qui dépasse le cadre de notre méditation. Rappelons simplement que pour qu'elle soit sûre et certaine, tout dans ce processus doit être droit, à l'abri des passions et des données fausses. C'est ce que le Seigneur entend par un *œil sain*. Dans le cas contraire, nous n'arriverions pas à vraiment saisir le réel, si ce n'est à travers un filtre. Partant de données partielles ou déformées, nos raisonnements seraient forcément incomplets ou faux, comme notre expérience le prouve. En outre, nous avons reçu la vertu de foi, une nouvelle lumière, très puissante, que Dieu nous accorde gratuitement et qui perfectionne notre raison en lui donnant accès aux mystères de la vie surnaturelle.

Avec le concours de sa raison et de la foi, l'homme peut entreprendre le travail théologique. À partir des données révélées, il peut entrer dans une certaine mesure dans l'intimité même de Dieu et de ses mystères, à condition toutefois qu'il reste objectif, que son œil soit *sain*. Ajoutons que ces images, l'œil et la lampe, se réfèrent aussi à la *conscience*, notre jugement intérieur sur la bonté ou la malice de nos actes. En effet, pour les grandes questions de la vie notre connaissance n'est jamais purement théorique mais comporte une dimension morale. Il ne s'agit pas de discussions d'école, réservées à quelques spécialistes, mais de questions vitales, comme le bien et le mal, la religion et le sens de la vie. C'est pourquoi le jugement de la conscience lui aussi doit être juste, conforme à la Loi de Dieu, et nous avons l'obligation de bien la former.

Ce langage métaphorique (l'œil et la lampe, la lumière et les ténèbres) signifie que l'homme peut s'appuyer sur sa raison éclairée par la foi pour avoir une vision globale et harmonieuse des mystères de la vie chrétienne, à condition toutefois que son œil reste *sain*, c'est-à-dire qu'il ne s'abuse pas lui-même ni ne se laisse abuser dans la connaissance des vérités proposées, ce qui requiert un esprit vigilant. Par exemple, s'il ne suivait pas les commandements de la Loi de Dieu et qu'il menait une vie morale désordonnée, tous ces mauvais choix pourraient avoir une influence négative sur sa foi. Saint Josémaria disait que derrière des problèmes qui, à première vue, n'ont trait qu'à la foi, pourrait se cacher une conduite personnelle déréglée. Dans ce cas, certains obstacles s'interposeraient entre l'homme et Dieu et troubleraient son jugement. Avant d'être une difficulté intellectuelle concernant directement la vertu de foi, il s'agirait d'un problème moral personnel.

Dans le même sens, le bienheureux Jean Paul II nous a mis en garde à maintes reprises contre une vision matérialiste de la vie, qui pourrait elle aussi déformer notre perception des vraies valeurs. L'histoire qui suit éclaire assez bien ses recommandations. Un jour, un homme assez riche, catholique mais éloigné de la foi, s'entretenait avec un prêtre qui n'était autre que le futur Cardinal Newman. Dans cet entretien, le riche faisait étalage de son argent, du pouvoir que celui-ci lui procurait et même de son indifférence religieuse. Sans rien dire, Newman prend une feuille de papier et écrit le mot *Dieu.* « Voyez-vous le mot que je viens d'écrire sur cette feuille ? » Son interlocuteur répond, bien évidemment, *oui.* Alors, Newman prend une monnaie d'or et la place sur la feuille, juste au-dessus du mot Dieu. « Et maintenant, voyez-vous ce que j'ai écrit il y a un moment ? » « Non, maintenant je ne vois plus que la monnaie d'or ». « C'est juste, car la richesse peut aveugler et nous empêcher de voir Dieu, n'est-ce pas ? » Qui dit richesse peut aussi dire paresse, sensualité débridée, intempérance, préjugés doctrinaux et bien d'autres choses.

Une vie de foi, fondée sur la foi et éclairée par elle

Nous courons tous le risque d'avoir une vision réductrice de la vie, en ne prenant en compte que la dimension humaine de la personne et ses besoins intellectuels et matériels et en laissant dans l'ombre ses besoins spirituels et sa foi. Ce serait une tragédie, parce que l'homme a été créé pour Dieu et pour la vie éternelle. Si nous supprimions ou simplement oubliions notre destinée éternelle, tout le reste perdrait pratiquement son sens. C'est ce que le Seigneur veut nous faire comprendre par son allusion à la lumière et aux ténèbres : « Mais si la lumière qui est en toi est ténèbres, quelles ténèbres ! » Si la lampe de la foi venait à s'éteindre, elle ne pourrait plus nous éclairer sur le chemin qui mène à l'éternité et nous devrions avancer dans l'obscurité, à tâtons, sans aucune garantie.

Imaginons ce que l'homme deviendrait sans sa rationalité. La philosophie définit l'homme comme un animal raisonnable, ayant un corps et une âme unis substantiellement. L'animal suit aveuglement ses instincts, puisqu'il n'a pas de liberté. Il se limite à satisfaire ses besoins fondamentaux : croissance, nutrition et reproduction. N'ayant pas d'intelligence, il est incapable de concevoir et de suivre un idéal. Si l'homme faisait abstraction de sa rationalité, il se comporterait dans les faits comme un animal, en se limitant à suivre ses instincts et ses penchants naturels. Nous en faisons parfois l'expérience, lorsque nous manquons de discernement et de retenue dans nos choix : des excès à table, dans le manger ou dans le boire, des coups de colère et des emportements, et tant d'autres débordements que nous regrettons en général aussitôt après.

L'homme doit toujours soumettre ses actions à la raison,

agir avec sagesse, sous peine de manquer ce qu'il entreprend et, surtout, de se manquer lui-même comme personne. S'il était privé de sa raison, qui est pour lui un trait constitutif, il subirait une sorte de mutilation. Par ailleurs, il suffit de regarder autour de soi pour voir que les choses se passent effectivement ainsi. La plupart des problèmes dits de *société* (drogue, violence, brutalité, dégradations, irrespect, désordres en tout genre, etc.) sont en fin de compte le fait de comportements irrationnels ou très peu raisonnables. C'est l'*animalité* qui l'emporte sur la *rationalité.*

Imaginons aussi ce que l'homme deviendrait sans Dieu et sans la foi. Dans cette deuxième hypothèse, la mutilation serait encore plus grave, quoique moins évidente de prime abord : vivre sans religion, mener une existence purement humaine en faisant carrément abstraction de Dieu. À vrai dire, une telle vie ne serait pas vraiment humaine, parce qu'un lien naturel relie l'homme à Dieu. C'est ce qui arrive quand il oublie Dieu, même s'il ne le rejette pas ouvertement. Je pense plutôt à un oubli pratique, dans la vie quotidienne, en vivant comme si Dieu n'existait pas, comme s'il ne s'était pas manifesté par sa Révélation, comme si les vérités de la foi étaient de simples opinions à prendre ou à laisser au gré de nos humeurs.

Dans son discours, le Seigneur nous invite à mener une vie cohérente avec la foi et à faire en sorte que cette vision de foi imprègne l'ensemble de nos activités. La mise en pratique de son conseil n'affectera en rien leur valeur humaine, tant s'en faut, et quelle que soit la nature de ces activités. De même que la rationalité respecte l'animalité et lui donne tout son sens, pareillement la grâce ne détruit pas la nature ni n'affecte la rationalité. Nous pourrons être encore meilleurs, y compris sur le plan purement humain. La grâce et les vertus tirent le meilleur de nous-mêmes et nous accordent des qualités nouvelles, extrêmement positives, telles que la bienveillance, la bonne entente avec tout le monde, le pardon, la compréhension, la maîtrise de soi, la miséricorde, l'esprit de service, etc.

Vivons sans hésiter l'obéissance de la foi

Le mot « foi » est apparenté au mot « confiance », les deux étant de la même famille en latin. Ce qui signifie qu'en grande partie la foi est confiance, se fier à quelqu'un dont nous sommes sûrs. En l'occurrence, c'est nous fier à Dieu notre Père qui veut nous faire entrer dans son monde intime et satisfaire ainsi nos plus belles ambitions. C'est parce que nous lui faisons confiance que nous pouvons donner notre adhésion intellectuelle et vitale aux vérités que l'Église nous enseigne en son nom, sûrs qu'« il ne peut ni se tromper ni nous tromper » (Concile du Vatican I). Voilà notre résolution. Nous fier à lui plutôt qu'à nous-mêmes, à nos pauvres raisonnements, à notre petite expérience et à nos intuitions que, si souvent, nos mauvais penchants peuvent fausser.

Pour l'obéissance de la foi, nous avons tout intérêt à prendre exemple sur la Vierge Marie. Si elle a eu une foi forte, c'est bien parce qu'elle a fait confiance à Dieu qui lui garantissait qu'elle serait la mère du Verbe incarné tout en restant vierge. Prions-la de nous apprendre à avoir la même attitude qu'elle, et de nous aider à garder l'œil sain, la lampe allumée, en un mot, à tout regarder dans la vie avec les yeux de la foi.

VIII. NOUS CROYONS

La foi de l'Église et dans l'Église

> « La foi est un acte personnel : la réponse libre de l'homme à l'initiative de Dieu qui se révèle. Mais la foi n'est pas un acte isolé. Nul ne peut croire seul, comme nul ne peut vivre seul. Nul ne s'est donné la foi à lui-même comme nul ne s'est donné la vie à lui-même. Le croyant a reçu la foi d'autrui, il doit la transmettre à autrui. Notre amour pour Jésus et pour les hommes nous pousse à parler à autrui de notre foi. Chaque croyant est ainsi comme un maillon dans la grande chaîne des croyants. Je ne peux croire sans être porté par la foi des autres, et par ma foi, je contribue à porter la foi des autres. » (*Catéchisme de l'Église Catholique*, n° 166)

Dans les méditations précédentes, nous avons évoqué différents aspects de l'acte de foi, ce moment précis où chacun s'engage devant Dieu en disant « Oui, je crois ». Maintenant, nous allons voir que le « je crois » personnel est possible grâce au « nous croyons » que tous les catholiques disent ensemble, dans l'Église. En effet, c'est dans l'Église, en communion avec tous les autres baptisés, que le chrétien accomplit sa vocation. De l'Église, il accueille la parole de Dieu qui contient les enseignements de la Loi du Christ. De l'Église, il reçoit la grâce des sacrements qui le soutiennent sur la voie. De l'Église, il apprend l'exemple de la sainteté (cf. *Catéchisme de l'Église Catholique* n° 2030).

Du point de vue étymologique, le mot église vient du terme grec « ekklesia » qui désigne à la fois l'assemblée du peuple régulièrement convoqué et la convocation elle-même. Le mot a été employé par la version grecque de la Bible, connue comme les *Septante*, pour traduire le terme hébreu « qahal » qui s'applique à l'assemblée du peuple de Dieu. Dès les premiers livres de l'Ancien Testament, ce peuple apparaît comme une réalité constituée par la parole divine qui le convoque. Dieu fait entendre sa parole surtout dans les alliances qu'il conclut avec ses membres. La parole et la foi qu'elle suscite chez tous ceux qui l'écoutent se trouvent alors scellées ensemble par l'offrande d'un sacrifice rituel. C'est ce qui s'est produit une première fois au Sinaï, avec Moïse, lors de la proclamation de la Loi Ancienne. Quelques siècles plus tard, Dieu va établir une autre alliance, l'Alliance nouvelle et éternelle qui, elle, sera scellée par le sang du Verbe incarné et que chacune de nos messes actualise.

De ces différentes étapes de la constitution du Peuple de Dieu, retenons surtout que l'Église est une *convocation*, qu'elle est née de la volonté divine telle que le Christ nous l'a manifestée et qu'elle est donc essentiellement différente de tant d'autres institutions humaines, nobles et utiles, qui se constituent par consensus. Aux apôtres réunis au Cénacle, le Jeudi Saint, le Christ a dit : « Ce n'est pas vous qui m'avez choisi, mais c'est moi qui vous ai choisis et qui vous ai établis, pour que vous alliez et que vous portiez du fruit, que votre fruit demeure, et que le Père vous accorde ce que vous lui demanderez en mon nom. » (*Jn* 15, 16). Ces propos s'appliquent à tous les baptisés, quelles que soient les modalités particulières de leur baptême, qu'ils soient des nouveau-nés, des convertis ou des chrétiens ayant découvert la foi à l'âge adulte et décidé de recevoir le baptême. Dans tous les cas, c'est Dieu qui nous a choisis pour nous faire entrer dans son Peuple, c'est lui qui nous y a attirés.

Pourquoi Dieu nous a-t-il convoqués pour faire partie de l'Église ? Pourquoi a-t-il fait le nécessaire pour que nous devenions effectivement des fidèles du Christ ? Premièrement pour nous sanctifier, c'est-à-dire pour nous permettre d'atteindre la plénitude de la foi, car c'est surtout en cela que consiste la sainteté. Saint Josémaria a été un précurseur du chapitre V de la Constitution *Lumen gentium* qui a pour titre « La vocation universelle à la sainteté dans l'Église ». Elle est universelle parce que tous les hommes sont convoqués à intégrer l'Église, « enseignez *toutes* les nations » (Mt 28, 19, et à rechercher la sainteté. « Il appelle chacun à la sainteté et demande à chacun de l'amour : jeunes et vieux, célibataires et mariés, bien portants et malades, cultivés et ignorants, quel que soit leur lieu de travail, où qu'ils se trouvent. » (Saint Josémaria, *Amis de Dieu*, n° 294)

Or, « le croyant a reçu la foi d'autrui, il doit la transmettre à autrui », précise le *Catéchisme* dans le point cité en exergue au début du chapitre. Dieu nous a convoqués aussi pour que nous partagions avec les autres notre foi et tous les autres biens dont il nous a comblés. Puisque nous avons reçu la foi d'autrui (de l'Église, de nos parents, etc.), il est logique que Dieu compte sur nous pour que nous la transmettions à d'autres à notre tour : « Je vous ai choisis pour que vous alliez et que vous portiez du fruit ». Allez partout, allez avant tout dans votre milieu naturel, familial, professionnel et social, et témoignez-y de la foi qu'Il vous a accordée. Portez à tous la Bonne Nouvelle du salut, faites-leur savoir qu'Il les aime d'un amour éternel et qu'Il les destine à un bonheur sans limite. Que votre foi soit un puissant stimulant pour la foi des autres.

L'Église, Corps du Christ

C'est bien parce que l'Église est le Corps du Christ que nous sommes tous étroitement solidaires. Dieu a voulu faire de nous tous un seul Peuple, comme l'affirme un autre article du Credo, « Je crois à la Communion des saints ». L'image du corps, le Corps du Christ, nous aide à bien comprendre ce nouvel aspect du mystère de l'Église. Saint Paul l'a admirablement développé dans ses épîtres, notamment dans la première qu'il a adressée aux Corinthiens, sans doute un de ses apports majeurs à la doctrine chrétienne. Pour notre méditation, reprenons-en deux idées que nous pouvons d'abord énoncer synthétiquement, à partir de certains textes, pour les appliquer ensuite à notre vie ordinaire.

Première idée, l'identité entre le Christ et l'Église. « Saul, Saul, pourquoi me persécutes-tu ? » (Ac 9, 4). Dans l'homélie d'ouverture de l'année paulinienne, Benoît XVI affirmait qu'en persécutant l'Église, c'est Jésus lui-même que Paul persécute. Jésus s'identifie avec l'Église en un seul sujet : il n'est pas possible de les séparer. Voilà toute la doctrine de l'Église comme Corps Mystique du Christ. Le Christ ne s'est pas retiré au ciel, en laissant sur terre une foule de fidèles. L'Église n'est pas une association qui veut promouvoir une certaine cause, noble et juste. Le Christ est personnellement présent dans son

Église selon plusieurs modalités : l'Eucharistie et les autres sacrements, les ministres ordonnés, sa Parole, mais aussi dans le cœur de tous ses fidèles.

Deuxième idée, une explicitation de la doctrine de l'Église comme Corps du Christ. Le texte le plus connu de saint Paul est sans doute celui-ci : « Car, comme le corps est un et a plusieurs membres, et comme tous les membres du corps, malgré leur nombre, ne forment qu'un seul corps, ainsi en est-il du Christ. » (1 *Co* 12, 12 et suiv.) Il va revenir souvent sur le même concept dans d'autres épîtres. Le corps rassemble tous les baptisés comme membres d'un seul organisme, étant entendu que chaque membre a sa fonction spécifique. Il veut souligner deux choses à la fois, deux aspects de cette doctrine. D'un côté, l'unité et la solidarité qui existent entre tous les membres du corps ; de l'autre, la variété et la pluralité de ses membres, chacun ayant sa place propre et son rôle. Unité et variété, unité et pluralisme, dans un esprit de charité et de solidarité.

Selon la doctrine paulinienne, témoin de la Tradition, nous devenons membres du Corps du Christ par la foi et le baptême. N'oublions jamais que le baptême est le moment clé de notre vie, celui qui est à l'origine de tout. Tout était déjà dans ce sacrement qui nous a incorporés pour la première fois au Christ. C'est en ce moment précis que le Christ a commencé à vivre en nous et nous en lui. C'est là qu'il faut situer l'appel à la sainteté qui est logiquement *universel* dans la mesure où il découle du baptême même. Tous les baptisés sont donc concernés et non pas seulement une minorité ou une élite. C'est le baptême qui fait de nous des membres du Christ, avec une fonction à remplir dans son Corps. Tous les textes cités nous disent que si la Tête est certainement capitale, les autres membres n'en sont pas moins nécessaires.

Appel universel à l'apostolat

Corps du Christ, l'Église est aussi le nouveau Peuple de Dieu. C'est une autre manière de présenter la même doctrine et d'affirmer qu'en vertu de leur baptême tous les fidèles sont membres du Corps du Christ et du Peuple de Dieu. Ces images mettent bien en évidence deux traits essentiels et complémentaires qui caractérisent tous les chrétiens : l'*égalité* radicale de tous les baptisés et leur *diversité* fonctionnelle. Tous les membres sont importants, au service d'un seul et même corps, l'Église. Mais tous les membres n'ont pas la même fonction ni ne jouent le même rôle. Oublier l'un ou l'autre de ces aspects entraînerait forcément de mauvaises dérives. Soit l'on tomberait dans une vision cléricale de l'Église où seul le clergé compte vraiment, soit sans la hiérarchie l'on pourrait donner dans une certaine *anarchie*, chacun allant de son côté.

Document clé pour comprendre la nature de l'Église et sa mission dans le monde, la constitution *Lumen gentium*, abonde précisément dans ce sens. « Le Christ, notre grand Prophète, qui, par le témoignage de sa vie et la puissance de sa parole, a proclamé le Royaume du Père, accomplit son office prophétique jusqu'à la pleine manifestation de la gloire, non seulement par le moyen de la hiérarchie qui enseigne en son nom et en vertu de son pouvoir, mais aussi par le moyen des laïcs dont il fait aussi ses témoins et qu'il remplit du sens de la foi et du don de sa parole (cf. Ac 2, 17-18 ; *Ap* 19, 10), afin que la force de l'Évangile resplendisse dans la vie quotidienne, familiale et sociale. » (n° 35)

a) Le corps a besoin de tous ses membres

Dans un autre document, le décret *Apostolicam actuositatem* sur l'apostolat de laïcs, Vatican II donne les précisions opportunes. « L'Église est faite pour étendre le règne du Christ à toute la terre, pour la gloire de Dieu le Père ; elle fait ainsi participer tous les hommes à la rédemption et au salut ; par eux elle ordonne en vérité le monde entier au Christ. On appelle apostolat toute activité du Corps mystique qui tend vers ce but : l'Église l'exerce par tous ses membres, toutefois de diverses manières. En effet, la vocation chrétienne est aussi par nature vocation à l'apostolat. Dans l'organisme d'un corps vivant aucun membre ne se comporte de manière purement passive, mais participe à la vie et à l'activité générale du corps. » (*Apostolicam actuositatem*, n° 2)

Si la vocation à la sainteté est universelle, l'Église nous dit donc que la vocation à l'évangélisation et à l'apostolat l'est tout autant. Dans le Credo, nous professons que « pour nous les hommes et pour notre salut, il s'est fait homme », soulignant ainsi la double finalité de l'Incarnation : le Christ Sauveur, mais aussi le Christ modèle à imiter pour aller vers le Père. Nous aurons l'occasion d'y revenir dans notre méditation sur la Deuxième Personne de la Trinité. Cette affirmation est un appel à la maturité de tous les baptisés, surtout celle des fidèles laïcs. Aucun membre ne peut se passer des autres pour un bon fonctionnement de l'ensemble. Nous sommes tous nécessaires, quelle que soit notre place dans l'Église et dans la société. Rappelons-nous que beaucoup de chrétiens pensaient que le travail apostolique est surtout l'affaire des évêques et des prêtres, et certains le pensent peut-être encore. La vocation à l'apostolat, par l'exemple et par la parole, est inscrite dans le baptême.

C'est un point important d'examen pour nous tous. Comment accomplissons-nous la mission que le Christ nous a confiée de transmettre la foi et d'évangéliser ? Qu'avons-nous fait jusqu'à présent et que faisons-nous actuellement dans ce domaine ? Nous voyons que le monde ne va pas bien, parce qu'il s'éloigne de Dieu, et nous savons aussi que seules les valeurs de l'Évangile apportent une vraie réponse aux problèmes. Dès lors, nous ne pouvons pas rester passifs, comme si nous n'étions pas directement concernés. Certes, la tâche est immense, certainement au-dessus de nos forces, mais nous ne travaillons pas en notre propre nom, mais au nom du Christ, en tant qu'apôtres. « Comme mon Père m'a envoyé, moi aussi je vous envoie. » (*Jn* 20, 21)

b) Le respect du pluralisme légitime des chrétiens

C'est l'autre idée que saint Paul a bien mise en lumière dans ses écrits et que depuis cinquante ans le Magistère de l'Église a rappelée dans un bon nombre de ses documents. Nous sommes tous des membres actifs du Corps du Christ, sans pour autant être tous identiques. La main n'est pas l'œil ni le pied ; elle doit donc agir comme main et respecter la fonction des autres. *Voilà une bonne résolution : respecter le pluralisme légitime des chrétiens.* Il y a beaucoup de façons d'imiter le Christ et d'être son disciple.

Un épisode bien connu, ayant l'apôtre saint Jean pour protagoniste, insiste sur cet enseignement. Jean dit au Christ : « Maître, nous avons vu quelqu'un qui ne nous suit pas, qui chassait les démons en ton nom, et nous voulions l'en empêcher, parce qu'il ne nous suit pas. » Mais Jésus dit : « Ne l'en empêchez pas, car il n'est personne qui fasse des miracles en mon nom, qui puisse aussitôt après parler mal de moi. Qui n'est pas contre nous est pour nous. » (*Mc* 9, 38-40) Le Seigneur proscrit une mentalité exclusiviste dans l'apostolat. Personne n'en a le monopole et il y a de la place et du travail pour tous les chrétiens.

Comme une autre conséquence directe de cette doctrine, évitons les jugements sur les autres chrétiens et leur travail, de même que les comparaisons. Dieu aime ce pluralisme, toute cette richesse et cette variété qui sont un reflet de sa propre richesse. Bien entendu, chacun a le droit de choisir sa spiritualité, sa manière personnelle de vivre sa foi et de la communiquer, mais sans forcer les autres à partager ses propres choix. Évitons plus encore les critiques, les rumeurs, des commentaires péjoratifs et concluons avec St Paul : « Afin qu'il n'y ait pas de division dans le corps, mais que les membres aient également soin les uns des autres. Et si un membre souffre, tous les membres souffrent avec lui ; si un membre est honoré, tous les membres s'en réjouissent avec lui. » (1 *Co* 12, 25-26)

La Vierge Marie a formé le corps du Christ et lui a communiqué toutes les richesses qu'elle avait reçues de Dieu. Puisse-t-elle *façonner* aussi en nous l'image de son divin Fils, pour que nous soyons des membres actifs et efficaces de son Corps mystique, à la place et selon le rôle qu'il a prévus pour nous.

IX. LA SAINTE TRINITÉ

Notre devoir d'adoration

> « Le mystère de la Très Sainte Trinité est le mystère central de la foi et de la vie chrétienne. Il est le mystère de Dieu en Lui-même. Il est donc la source de tous les autres mystères de la foi ; il est la lumière qui les illumine. Il est l'enseignement le plus fondamental et essentiel dans la « hiérarchie des vérités de foi » (*Directoire catéchétique général* 43). « Toute l'histoire du salut n'est autre que l'histoire de la voie et des moyens par lesquels le Dieu vrai et unique, Père, Fils et Saint-Esprit, se révèle, se réconcilie et s'unit les hommes qui se détournent du péché » (DCG 47). » (*Catéchisme de l'Église Catholique*, n° 234)

Si quelqu'un nous demandait de but en blanc quel est le sommet de l'année liturgique, nous répondrions sans hésiter : Pâques ! En effet, ce grand dimanche ne commémore-t-il pas la Résurrection du Seigneur, fondement de notre foi ? « Si le Christ n'est pas ressuscité, vide alors est notre message, vide aussi votre foi », écrivait saint Paul aux Corinthiens (1 *Co* 15, 14). C'est pourquoi la liturgie de l'Église est essentiellement l'actualisation permanente du mystère pascal du Christ et de tous les actes par lesquels il a opéré notre rédemption : sa passion, sa mort sur la Croix, sa résurrection, son ascension dans les cieux, la pentecôte et, finalement, sa place à la droite du Père. Chaque sacrement, l'Eucharistie en particulier, actualise ces actes rédempteurs et nous en applique les mérites infinis.

Cependant, le point du *Catéchisme* cité affirme explicitement que le mystère *central* de la foi et de la vie chrétienne est celui de la vie intime de Dieu, Dieu en Lui-même, la Trinité des Personnes divines. Dans un raccourci saisissant, il nous rappelle les interventions du Dieu Un et Trine dans l'histoire du salut pour conduire les hommes à la gloire du ciel et les faire entrer dans son intimité. Chaque année, nous fêtons avec la solennité opportune les mystères qui concernent notre salut, avec trois sommets, Noël, Pâques et la Pentecôte. Mais, à dire vrai, la solennité la plus grande du calendrier est sans doute celle de la Très Sainte Trinité, le dimanche qui suit la Pentecôte. Si elle est la plus grande, c'est pour la simple raison que le mystère qu'elle commémore est le plus grand.

Tous les épisodes liés à l'Incarnation et à la Rédemption nous font penser à Dieu dans ses actions en notre faveur, éclatantes et pleines d'amour. Le mystère trinitaire, quant à lui, nous demande de ne penser qu'à Dieu lui-même, Dieu tel qu'il est. C'est une tâche personnelle et exaltante ! Pour nous en acquitter, soyons bien conscients que ce genre de mystère ne peut être contemplé que dans le calme et le silence, et prenons tout notre temps. Tout ce qui est grand et beau sur cette terre réclame, pour être apprécié à sa juste valeur, des dispositions personnelles particulières, qui se révèlent souvent déterminantes. Comment saisir les richesses et les nuances d'un chef-d'œuvre de la littérature, de la musique ou de la peinture, dans l'agitation et dans la hâte ? Et que dire si, à plus forte raison, il est question de la Très

Sainte Trinité, source de toute beauté et de tout ce qui peut être admiré dans notre monde ?

Nous savons que pour préserver le monothéisme de son peuple face aux peuples polythéistes limitrophes, Dieu n'a pas révélé son intimité trinitaire avant l'Incarnation de son Fils. La révélation de ce mystère est essentiellement néotestamentaire. Telle a été une des missions essentielles de Jésus, le Verbe incarné. « Moi, je suis le Chemin, la Vérité et la Vie. Nul ne vient au Père sinon par moi. » (*Jn* 14, 6) *La plus grande œuvre du Fils*, écrit saint Hilaire, *est de nous faire connaître le Père*. Voilà pourquoi la connaissance de la Sainte Trinité dans l'Unité doit être l'objectif prioritaire de notre vie. C'est aussi l'enseignement de saint Thomas d'Aquin, la clé de voûte de sa théologie. Orientons tout dans notre vie, sans hésiter, vers cette connaissance débordante d'amour, aussi bien dans le travail, la vie familiale, le repos et nos activités ordinaires que dans la lutte ascétique et notre réponse à la grâce.

Comment nous y prendre ? Il existe une sorte d'itinéraire spirituel que tout le monde doit suivre, quelles que soient les modalités particulières à travers lesquelles il est vécu. Tout commence par une découverte et une fréquentation du Christ dans son humanité, ce qui constitue précisément un des objectifs essentiels de l'année liturgique. Le Verbe s'est fait chair pour que nous puissions plus facilement aimer Dieu, un Dieu qui s'est rendu visible. Il nous a même indiqué de quel genre d'amour il souhaite être aimé. « Si quelqu'un m'aime, il gardera ma parole, et mon Père l'aimera, et nous viendrons à lui, et nous ferons chez lui notre demeure. » (*Jn* 14, 23). C'est donc en étant fidèles à ses enseignements, en gardant sa Parole, que nous aurons accès à l'intimité de la vie trinitaire.

Dans une de ses homélies, saint Josémaria nous a fait part de son expérience personnelle. « Nous avions commencé par ces prières vocales, simples, charmantes, apprises dans notre enfance et que nous aimerions ne jamais abandonner. La prière, qui a commencé avec cette naïveté enfantine, suit maintenant un cours large, paisible et sûr au rythme de notre amitié avec celui qui a affirmé : *Je suis le Chemin.* [...] Notre cœur a besoin alors de distinguer et d'adorer chacune des Personnes divines. L'âme fait une sorte de découverte dans la vie surnaturelle, comme une créature qui ouvre peu à peu les yeux à l'existence. Et elle amorce un dialogue d'amour avec le Père, avec le Fils et avec l'Esprit Saint ; et elle se soumet facilement à l'activité du Paraclet vivificateur, qui se donne à nous sans que nous le méritions : ce sont les dons et les vertus surnaturelles ! » (*Amis de Dieu*, n° 306)

Dans cet ouvrage, nous avons évoqué à plusieurs reprises le sens ultime de la vie et rappelé que l'étape terrestre de notre existence, tout en ayant une valeur en soi, n'est qu'une préparation à notre entrée dans la gloire de Dieu. Il existe un lien extrêmement fort entre la vie sur terre et la vie éternelle. Aussi l'Église nous invite-t-elle à contempler et à méditer le mystère trinitaire, point d'orgue de l'éternité, alors que nous cheminons encore sur les routes du monde. Grâce à la foi, notre méditation assidue du mystère nous permettra d'avoir un avant-goût de la contemplation face à face qui nous est promise dans le ciel. De la sorte, notre intelligence, guidée par Dieu, dépasse ses propres limites naturelles et toute notre vie spirituelle est façonnée selon le modèle divin. Une union personnelle à Dieu nous est promise, quelle que soit la nature des activités auxquelles nous nous livrons. Union grâce à laquelle notre joie devient parfaite ; il ne peut y avoir de plus grande joie que celle de jouir de cette intimité avec ce Dieu à l'image duquel nous avons été créés.

Le devoir d'adoration et d'amour

Comment notre foi trinitaire doit-elle se traduire dans la vie de tous les jours ? Autrement dit, comment faire entrer la Trinité de Dieu dans nos occupations ordinaires ? Quelle doit être notre attitude à l'égard des Personnes divines ? Nous pouvons évoquer avant tout un *devoir* d'adoration, le premier de tous nos devoirs. Qu'est-ce qu'adorer ? Benoît XVI s'est souvent penché sur la question pour rappeler que le mot latin « *adoratio* » et le mot grec « *proskynésis* » signifient littéralement *génuflexion.* Au sens strict, c'est l'hommage rendu à Dieu en tant que tel, et à lui seul. C'est un tête à tête, un entretien seul à seul avec lui. Celui qui adore est tout entier à son Dieu. En général, l'adoration comporte un agenouillement et un baiser, expressions d'humilité et d'amour. Nous trouvons côte à côte le *néant* dont Dieu nous a tirés et la *grandeur* dont il nous a revêtus. C'est pourquoi, loin de nous abaisser, l'adoration fait notre vraie grandeur. En adorant nous sommes des interlocuteurs privilégiés du meilleur des Pères.

Dans une des révélations qu'il a faites à la Samaritaine, lors de leur entretien, Jésus-Christ a parlé des adorateurs que cherche son Père. « Mais l'heure vient – et c'est maintenant –

où les véritables adorateurs adoreront le Père en esprit et en vérité, car tels sont les adorateurs que cherche le Père. » (*Jn* 4, 23) Révélation prodigieuse qui garde toute son actualité ! Dieu continue de chercher de véritables adorateurs et il a pensé à nous pour que nous en soyons. Des querelles existaient à l'époque entre Juifs et Samaritains à propos du lieu où le vrai culte devait être rendu à Dieu, le Mont Sion ou le Mont Garizim. Le Christ dit que, désormais, l'esprit d'adoration déborde du cadre du Temple et qu'il doit remplir le monde entier et être présent dans les activités les plus courantes de la vie de chaque homme.

Une conséquence évidente s'impose à nous. Si le Père continue de chercher des adorateurs, nous devons tâcher d'en être un et nous montrer beaucoup plus désintéressés dans nos relations avec lui. Certes, notre intention est habituellement droite. Il n'en reste pas moins qu'au moment de nous adresser à lui, nous cherchons presque toujours "quelque chose", y compris lorsque nous nous efforçons de suivre fidèlement notre vocation chrétienne. Nous quêtons des grâces pour nous et pour les personnes qui nous sont chères. En outre, il se peut même qu'en faisant notre prière nous soyons friands d'émotions sensibles, de ce qu'on appelle les *consolations*. Est-ce là tout l'amour que nous portons à Dieu, est-ce un amour « de tout notre cœur » ? Dans une telle hypothèse, pourrions-nous être comptés parmi ces vrais adorateurs que cherche le Père ? Proposons-nous d'être plus généreux et d'aimer Dieu gratuitement, sans rien demander en retour !

Nous voyons aussi que certains, même peut-être parmi nos connaissances, sont dominés par une mentalité subjectiviste, pratiquement dans tous les domaines de la vie. « Cela ne me dit rien », « je ne ressens rien », « cela ne m'intéresse pas ». Là n'est pas la question ! D'autant moins qu'ils n'évoquent qu'une dimension de la personne humaine, sa sensibilité. Ce qui compte vraiment, c'est l'importance *objective* du mystère qui nous est proposé, comme la présence réelle du Christ dans l'Eucharistie ou l'intimité de la vie divine. L'important n'est pas ce que nous attendons, mais ce que Dieu attend. Faisons monter vers le ciel une prière beaucoup plus désintéressée, d'autant plus que « votre Père sait de quoi vous avez besoin, avant que vous ne le lui demandiez » (Mt 6, 8) Ayons confiance en lui ! « Aie souci de moi et moi, j'aurai souci de toi » a dit le Dieu Trine à sainte Catherine de Sienne.

Nous pourrions prendre comme résolution quelque chose de modeste et à la fois de très concret. Proposons-nous de réciter avec plus d'amour et d'attention le « Gloire au Père, au Fils et au Saint-Esprit » et de faire moins mécaniquement le « signe de croix », au nom des trois Personnes divines. Ainsi notre vie sera vraiment un alléluia, un hosanna en l'honneur de notre Dieu. Nous aurons l'esprit d'un vrai adorateur du Père, un esprit qui imprégnera nos pensées, nos désirs, nos propos et nos actions, tant et si bien que nous chercherons en tout et partout dans notre journée la présence de la Trinité. Ainsi l'adoration que notre monde doit à son Créateur montera vers le ciel des quatre points cardinaux de la planète.

La Tradition de l'Église a appelé la Vierge Marie « Fille de Dieu le Père », « Mère de Dieu le Fils », « Épouse de Dieu le Saint-Esprit ». Puisse-t-elle, la créature qui est entrée le plus profondément dans l'intimité des relations trinitaires, faire de nous un de ces véritables adorateurs qui, en esprit et en vérité, adorent Dieu à tous les carrefours de la terre.

X. DIEU LE PÈRE

L'esprit de filiation divine

> « Notre profession de foi commence par *Dieu,* car Dieu est « Le premier et Le dernier » (*Is* 44, 6), le Commencement et la Fin de tout. Le Credo commence par Dieu *le Père*, parce que le Père est la Première Personne Divine de la Très Sainte Trinité ; notre Symbole commence par la création du ciel et de la terre, parce que la création est le commencement et le fondement de toutes les œuvres de Dieu. » (*Catéchisme de l'Église Catholique*, n° 198)

La plus grande œuvre du Fils est de nous faire connaître le Père, a écrit saint Hilaire. Pour s'en convaincre, il suffit d'ouvrir les Évangiles et d'analyser calmement les propos et les actions du Christ. Ce faisant, nous verrons bien que ce mystère est au cœur des révélations qu'il a voulu nous faire. Dans l'Ancien Testament, la foi dans le Dieu unique était capitale, face à des nations et à des peuples habituellement polythéistes. Mais la paternité de Dieu ne concernait que le peuple en général, la nation qu'il s'était choisie, et non pas les personnes individuelles qui n'étaient pas appelées fils et filles de Dieu. En revanche, sur les lèvres du Christ, le concept « Dieu le Père » prend un sens radicalement nouveau. Il révèle que le Dieu d'Abraham, d'Isaac et de Jacob est son Père, au sens strict et exclusif du mot, et il nous apprend aussi que l'homme est élevé à la dignité de fils de Dieu, grâce à son œuvre rédemptrice.

« Je te bénis, Père, Seigneur du ciel et de la terre, de ce que tu as caché ces choses aux sages et aux prudents, et les a révélées aux simples. Oui, Père, car tel fut ton bon plaisir. Toutes choses m'ont été remises par mon Père ; et personne ne connaît le Fils, si ce n'est le Père, et personne ne connaît le Père, si ce n'est le Fils, et celui à qui le Fils aura bien voulu le révéler. » (Mt 11, 25-27) Tous les commentateurs soulignent l'importance capitale de ce passage. Jésus révèle à ses disciples que Dieu est non seulement le Père d'Israël, le Père des hommes, mais *son* Père. C'est précisément à cause de cela que les Juifs voulaient le tuer. En effet, « il appelait Dieu son Père » (*Jn* 5, 18), *son* au sens le plus fort du possessif. Jésus révèle qu'il est uni au Père par un lien unique et exclusif et que le Fils est l'égal du Père, c'est-à-dire qu'il est Dieu comme le Père.

Selon la Tradition, une des missions du Fils était de nous faire découvrir la paternité de Dieu. C'est pourquoi nous trouvons cette idée comme toile de fond de sa vie et de ses enseignements. C'est un des dons les plus merveilleux que Dieu nous ait faits. Il a voulu que nos relations avec lui soient empreintes d'un esprit filial et il a institué le sacrement du baptême pour faire de nous ses enfants d'adoption. C'est pourquoi ce sacrement est pour nous le fait fondateur de notre vie. Saint Jean ajoute dans le prologue de son Évangile une précision très éclairante sur l'origine et les modalités de notre filiation. « Mais quant à tous ceux qui l'ont reçu, il leur a donné le pouvoir de devenir enfants de Dieu, à ceux qui croient en son nom. Qui non du sang, ni de la volonté de la chair, ni de la volonté de l'homme, mais de Dieu sont nés. » (*Jn* 1, 12-13)

Notre esprit filial est donc une conséquence directe de l'Incarnation du Fils. Nous sommes fils de Dieu dans le Fils, notre frère aîné. Comment s'effectue le lien entre la filiation par nature du Verbe et notre filiation par adoption ? Nous trouvons un élément de réponse dans les nuances du verbe *devenir* que saint Jean a expressément choisi, un verbe qui exprime un processus évolutif et son aboutissement. À *certains*, dit-il, il a été donné le pouvoir de devenir enfants de Dieu. À qui exactement ? À tous ceux qui l'ont accueilli, répond-il, à ceux qui croient en lui et qui l'aiment. Essayons d'aller plus loin dans l'analyse de ce verbe et de ses développements.

— « *Il a donné pouvoir de devenir enfants de Dieu* ». Ce pouvoir est intrinsèquement lié à la grâce sanctifiante. C'est elle qui nous rend participants de la nature divine (cf. 2 P 1,4). Nous l'avons reçue pour la première fois au moment de notre baptême qui nous a fait entrer dans la famille de Dieu. Saint Paul dira que dans la maison de Dieu nous ne sommes plus des hôtes ni des étrangers, mais des membres de sa famille (cf. *Ep* 2, 19). Nous sommes de la famille de Dieu, nous sommes *sa* famille dans ce monde ! Vérité bouleversante lorsque nous y pensons calmement dans nos moments de méditation, pour nous remplir de joie et de reconnaissance mais aussi pour rester sereins si le doute ou le découragement nous guettent.

— *Puisque l'on « devient » enfant de Dieu grâce à un processus évolutif, nous pouvons ajouter que l'esprit filial peut grandir.* Plus concrètement, notre conscience et notre perception de cet esprit peuvent se développer. Baptisés, nous sommes enfants de Dieu, toujours et partout. Mais la traduction de ce fait dans notre vie quotidienne peut et doit se perfectionner. C'est l'objectif principal de notre prière, de notre lutte ascétique, de notre formation ou de nos études théologiques et c'est aussi l'aboutissement de la voie de l'enfance spirituelle que notre Seigneur a recommandé à plusieurs reprises pour nous aider à toujours voir Dieu comme un Père.

— *Malheureusement il faut aussi rappeler que l'esprit filial peut décroître ou se perdre*. Non pas la réalité en tant que telle, puisque le baptême nous a marqués d'un signe indélébile, mais la conscience que nous en avons et son influence pratique dans notre vie. Comment peut-il se perdre ? Essentiellement par le péché, y compris le péché véniel. Le péché fait en quelque sorte disparaître ce pouvoir. S'il est mortel, en compromettant gravement notre participation à la nature divine par la perte de l'état de grâce, et s'il est véniel, par un affaiblissement de cette conscience, ce qui nous amène presque inévitablement à tourner notre cœur vers les biens de ce monde. D'où l'importance, comme première exigence de l'esprit filial, d'une lutte énergique contre tout péché et contre les tentations, mais aussi contre la tiédeur.

La tendresse de Dieu notre Père

Ces vérités de base étant rappelées, essayons maintenant autant que possible d'examiner la filiation divine du point de vue de Dieu, en reprenant la prière de Jésus à son Père. Car cette prière nous fait entrer dans l'intimité même qui existe entre le Père et le Fils. Or, les moments de prière sont toujours des moments de vérité et de clarté. Devant Dieu, dans la solitude, l'homme est vraiment lui-même, sans faux semblant. Il se trouve face à Dieu et à lui il ne peut rien cacher, devant lui il ne peut jouer de rôle. C'est pourquoi, si nous voulions connaître le jardin secret de l'âme de quelqu'un, il suffirait d'écouter sa prière.

Ce sera le cas pour Jésus à Gethsémani, dans son tête à tête avec le Père. La prière jaillie de ses lèvres est l'expression de son être le plus profond. Il dit : *Abba, mon Père* (*Mc* 12,36). Pour la première fois dans la Bible et dans la tradition juive, Jésus emploie le mot « Abba », le mot des jeunes enfants pour s'adresser familièrement à leur père. Saint Paul le reprendra littéralement plus tard : « Vous avez reçu un Esprit d'adoption, en qui nous crions : Abba ! Père ! » (*Rm* 8, 15 ; cf. *Ga* 4, 6). À nous aussi il est permis de l'employer, parce que le Christ nous a déjà rachetés et fait entrer dans l'intimité même qui existe entre son Père et lui.

Jésus a souvent dit que son Père est aussi notre Père. Surtout dans le dernier verset du passage de saint Matthieu que nous commentons : « Personne ne connaît le Père, si ce n'est le Fils, et celui à qui le Fils aura bien voulu le révéler » (Mt 11, 27). Puissions-nous être l'un de ceux à qui le Fils voudra bien le révéler ! Jésus nous encourage à demander cette grâce, l'une des plus grandes qui puisse nous être accordée. En même temps, nous pouvons dire que nous sommes déjà un de ceux à qui le Fils a révélé le Père, parce que Dieu a accordé cet esprit à tous les baptisés, comme un trait constitutif de leur personnalité chrétienne.

Il a voulu aussi le révéler assez explicitement à saint Josémaria, pour l'aider dans sa mission ecclésiale et l'encourager dans ses efforts en vue d'ouvrir à tous les hommes les chemins divins de la terre. Aussi pouvons nous-lire dans son livre d'homélies *Amis de Dieu* (n° 26) les lignes suivantes : « Ne l'oubliez pas : celui qui ne se sait pas enfant de Dieu ignore sa vérité la plus intime, et est réduit à agir sans la puissance et la force de ceux qui aiment le Seigneur par dessus toutes choses. » Compte tenu de notre formation, ce problème ne se pose sans doute pas à la plupart d'entre nous. Nous nous savons enfants de Dieu. Cela dit, nous pourrions l'oublier dans les faits et agir comme si nous ne l'étions pas, en permettant que notre tête et notre cœur soient attirés par d'autres aspects de la vie.

Les conséquences de l'esprit filial

Puisque l'esprit de filiation est absolument capital, notre Seigneur ne s'est pas limité à le définir opportunément dans ses grandes lignes. Il est allé plus loin, selon ce que saint Luc indique au début du livre des Actes pour résumer l'ensemble de sa vie. Il a d'abord *fait* et puis il a *enseigné* (cf. Ac 1, 2). En premier lieu, il s'est comporté en fils toujours et en toute circonstance, en donnant l'exemple ; ensuite, il nous a montré les potentialités et les développements de l'esprit filial. À la suite de quoi nous allons voir, comme conclusion de notre méditation, de quelle manière l'esprit filial devrait s'exprimer dans notre vie quotidienne.

— *Comment le Seigneur en tant qu'homme vivait-il sa filiation au Père ?* Très tôt, dans le fameux épisode de l'enfant perdu et retrouvé au Temple, nous prenons connaissance d'une de ses paroles, souvent citée quoique pas toujours facile à comprendre, une parole qui est en fait la première que les Évangiles nous rapportent de lui : « Pourquoi me cherchiez-vous ?

Ne saviez-vous pas qu'il me faut être dans les affaires de mon Père ? » (*Lc* 2, 49). Jésus ne vit que pour le Père et qu'avec le Père. À l'âge de douze ans, il souligne déjà la primauté absolue de Dieu sur l'ensemble du monde. Dieu origine et fin de tout, source de vie et de grâce et de toute sainteté. Plus tard, dans ses discours et ses miracles, le Père sera toujours sa référence obligée. Il fera tout en union avec lui, pour accomplir sa Volonté, dans une fidélité totale. Il ira jusqu'à la mort pour en témoigner : « Le grand prêtre lui dit : "Je t'adjure par le Dieu vivant de nous dire, si tu es le Christ, le Fils de Dieu ?" Jésus lui dit : "Tu l'as dit" » (Mt 26, 63-64)

Nous, nous pensons un peu trop à nous-mêmes et nous nous prenons trop au sérieux. N'avons-nous pas tendance à tout ramener à nous, à nos pensées, à nos désirs, à notre sensibilité et à nos goûts ? À quoi pensons-nous dans les moments où nous sommes moins occupés ? De quoi parlons-nous aux autres, au bureau ou à la maison ? Si nous sommes sincères, nous reconnaîtrons que Dieu n'est pas encore notre véritable centre de gravité. Jésus parlait des *affaires* de son Père. Eh bien, pour nous aussi les affaires de notre Père devraient être *nos* affaires. Notre union filiale avec le Père devrait déterminer notre vie quotidienne, chacun selon sa vocation et sa place dans le monde.

— *L'épître aux Hébreux applique à Jésus les paroles du Psaume 40* : « Je viens pour faire, ô Dieu, ta volonté » (*He* 10, 7). Je viens pour sauver le monde, pour lui montrer quelle fut sa première erreur. L'homme a voulu « être comme un dieu » connaissant le bien et mal. Il a passé outre au commandement établi. Il a fait le mauvais choix et donné une mauvaise orientation à sa vie. L'homme s'est méfié de Dieu, son Père, préférant écouter le diable. Le Christ devait montrer que l'identification à la volonté du Père est une des marques essentielles de la filiation, dans un abandon total, dans une confiance “concrète et pratique”.

Il dit aussi que l'amour d'un vrai fils pour son Père se mesure à la fidélité avec laquelle il accomplit la volonté paternelle. « Ce n'est pas celui qui m'aura dit : “Seigneur, Seigneur !”, qui entrera dans le royaume des cieux, mais celui qui aura fait la volonté de mon Père qui est dans les cieux. » (Mt 7, 21) Entrer dans le Royaume des Cieux non seulement au moment de la mort, mais *déjà* dans ce monde. Vivre dans l'orbite de Dieu, avoir accès à son intimité, être contemplatif, un véritable adorateur. Or, cet amour filial va encore plus loin. Être un fils qui aime, c'est aussi être prêt à aller jusqu'au sacrifice : « Maintenant mon âme est troublée ; et que dirai-je ?... Père, délivre-moi de cette heure… Mais c'est pour cela que je suis arrivé à cette heure. » (*Jn* 12, 27), sans reculer devant les difficultés et les problèmes, en sachant se compliquer la vie et payer de sa personne : tel est le vrai amour.

La Vierge Marie est « Fille de Dieu le Père », sa filiation est la plus directe et la plus forte après celle du Verbe Incarné. Comme pour toutes les mères de la terre, son souci majeur est que ses enfants *découvrent* leur père. Puisse-t-elle nous rappeler que nous sommes les enfants bien-aimés du meilleur des Pères, si d'aventure nous l'oublions, et nous aider à garder toujours confiance en sa miséricorde paternelle et en son pardon !

XI. JÉSUS-CHRIST LE FILS UNIQUE DE DIEU

Sa Sainte Humanité, voie vers le Père

> « “Mais quand vint la plénitude du temps, Dieu envoya son Fils, né d'une femme, né sujet de la loi, afin de racheter les sujets de la loi, afin de nous conférer l'adoption filiale” (*Ga* 4, 4-5). Voici “la Bonne Nouvelle touchant Jésus-Christ, Fils de Dieu” (*Mc* 1, 1) : Dieu a visité son peuple (cf. *Lc* 1, 68), il a accompli les promesses faites à Abraham et à sa descendance (cf. *Lc* 1, 55) ; il l'a fait au-delà de toute attente : Il a envoyé son “Fils bien-aimé” (*Mc* 1, 11). » (*Catéchisme de l'Église Catholique*, n° 422)

« Quand vint la plénitude du temps ! », a écrit saint Paul aux Galates. Le temps, ce temps dans lequel nous vivons et nous évoluons, a atteint sa plénitude. Il est sûr et certain que l'humanité continuera de progresser dans tous les domaines, grâce à une maîtrise toujours plus grande de la terre et de ses ressources. Ce n'est pas en vain que Dieu a dit à nos premiers parents : « Soumettez la terre, dominez… » (*Gn* 1, 28). Mais, dans l'absolu, l'histoire a atteint son sommet au moment précis où le Verbe de Dieu a pris chair. La Sainte Humanité du Christ représente ce qu'il peut exister de plus parfait dans le domaine de la nature humaine. C'est vraiment la plénitude !

Voulant s'affranchir de sa dépendance filiale par rapport à Dieu, l'homme a commis le premier péché, il a voulu être lui-même « comme un dieu » connaissant le bien et le mal, c'est-à-dire établissant lui-même le bien et le mal. Comme nous l'avons déjà commenté, ce fut une erreur funeste, lourde de conséquences pour l'ensemble de l'humanité. Néanmoins, Dieu dans sa miséricorde paternelle ne nous a pas abandonnés. Il a aussitôt formé un dessein de salut pour nous, dont son Fils serait le pivot. Si nous voulons réussir notre vie, nous devons absolument passer par Jésus-Christ, le Verbe incarné, ce qui est pour nous la meilleure des nouvelles !

La Sainte Humanité de Jésus

Lors de son entretien avec Nicodème, Jésus est allé exactement dans ce sens précis. « Dieu a tellement aimé le monde, qu'il a donné son Fils unique, afin que quiconque croit en lui ne périsse point mais ait la vie éternelle. Car Dieu n'a pas envoyé le Fils dans le monde pour juger le monde, mais pour que le monde soit sauvé par lui. » (*Jn* 3, 16-17). Une fois de plus, nous sommes devant une décision divine, un fait, mais un *fait* vraiment incontestable, compte tenu des données de l'Écriture et de la Tradition. Notre Seigneur nous a appris le motif ultime de l'Incarnation : « Dieu a *tant aimé* le monde… » Prenons notre temps pour y réfléchir calmement, pensons à son amour pour nous, en lui donnant un sens très personnel, par ailleurs comme pour tous les autres passages de l'Évangile. Dieu m'a tant aimé qu'il ma donné son Fils unique, pour que j'aie la vie en moi. Saint Paul, en considérant l'amour du Christ pour lui, ne pouvait pas s'empêcher de s'écrier : Le Christ m'a aimé et s'est livré lui-même pour moi ! (cf. *Ga* 2, 20)

Comment et dans quelles conditions pouvons-nous recevoir la vie que le Christ est venu nous apporter ? Depuis les premiers siècles, les chrétiens, aussi bien les grands théologiens que les pasteurs et le peuple fidèle, ont donné forme et consistance à une dévotion forte et profonde envers la Sainte Humanité de Jésus et à son Cœur Sacré. Saint Josémaria lui aussi a aidé des milliers d'âmes à aller vers le Père dans leur vie de tous les jours, en passant par l'Humanité du Christ. Peut-être son conseil le plus clair dans ce domaine se trouve-il au point n° 382 de son livre *Chemin* : « Sur cette Histoire de Jésus que je t'ai offerte, j'ai écrit en dédicace : « Cherche le Christ, trouve le Christ, aime le Christ. » — Ce sont trois étapes très distinctes. As-tu essayé, au moins, de vivre la première ? »

Si dans notre vie chrétienne nous ne tenions pas compte de ces exemples et de ces bons conseils, nous courrions le risque d'être déboussolés, l'esprit en déroute, sans assises solides pour faire face aux événements de la vie, qu'ils soient importants ou ordinaires. Même si nos idées étaient claires, nous manquerions d'un soutien affectif, toujours très important pour le cœur humain. La Sainte Humanité de Jésus n'est pas une simple règle de vie, certainement la plus excellente, elle est infiniment plus ! Par elle, Dieu entre dans l'intime de notre âme et nous change de l'intérieur. Pensons à la *transformation* des apôtres, des autres disciples et des saintes femmes, tout simplement parce qu'ils ont fréquenté le Christ et se sont laissés *transformer* par lui. Il en a été de même de Nicodème, de la Samaritaine ou de Zachée le publicain, comme nous le savons par l'Évangile.

Si nous voulons sincèrement aller vers le Père, si nous avons un vrai désir de réussir notre vie et de gagner le bonheur du ciel, nous devons mettre nos pas dans les pas du Seigneur. Dieu ne nous conduit pas d'un seul coup à la sainteté et à la plénitude de la foi. Il le fait progressivement et il nous y aide puissamment par son Fils incarné, en nous appliquant les grâces qu'il nous a gagnées et en nous proposant son exemple. Nous avons déjà commenté la réponse du Christ à l'apôtre saint Thomas qui voulait connaître le chemin qui mène au Père : « Je suis le Chemin, la Vérité et la Vie ; nul ne vient au Père que par moi » (*Jn* 14, 6). Cette affirmation jaillie des lèvres de celui qui est le Verbe du Père, nous fournit trois points pratiques pour notre méditation : le Christ Voie, Vérité et Vie.

a) Le Christ est la Voie, la seule qui mène à la gloire du ciel

Tel est le sens de sa première affirmation. C'est une invitation à l'imiter. Homme parfait, il nous apprend à être à la fois des hommes et des enfants de Dieu. Il aurait pu nous sauver sans les trente ans de vie cachée et même sans la vie publique, mais il ne l'a pas fait. D'où l'importance de bien connaître sa vie, en lisant avec la plus grande attention les récits évangéliques que tant de saints et de théologiens ont commentés, avec beaucoup de sagesse et de piété. « Cherche le Christ ! » Ce qui veut dire, cherche à savoir comment il a agi et réagi dans les différentes situations de la vie, surtout les plus ordinaires. Sa vie de famille, son sens de l'amitié, son travail parfaitement réalisé ou sa piété personnelle. Depuis que le Verbe s'est fait chair, nous avons le pouvoir de tout rapporter à Dieu dans notre vie, y compris les activités les plus banales, tout simplement parce que tout vient de Dieu et que Jésus les a assumées.

Remarquons aussi que l'imitation des autres est un trait constitutif de la personnalité humaine. Dans la vie, nous nous donnons des modèles, même à notre insu. Nous avons tous une grande capacité de mimétisme, ce qui est en soi une bonne chose. Car ce penchant naturel nous permet de profiter de l'expérience des autres et de nous enrichir, d'élargir nos horizons en prenant exemple sur des hommes et des femmes qui ont réussi. Il n'est pas nécessaire de repartir de zéro pour tout, de tout réinventer. En plus, nous ne voyons pas dans ce trait personnel un risque de dépersonnalisation, bien au contraire. Nous nous sentons attirés par toute une série de qualités que les autres incarnent si bien, celles-là mêmes qui s'accordent le mieux avec notre personnalité. Dès lors, combien il est important de trouver un bon modèle, le modèle parfait si possible ! Eh bien, sachons que le Christ dans son humanité est le seul qui soit vraiment parfait, sans la moindre réserve.

Si nous analysons plus en détail sa réponse à saint Thomas, nos réflexions deviennent encore plus évidentes. Il a dit « Je suis *la* Voie... », avec l'article déterminé *la*, et non pas "*une*" voie parmi d'autres. C'est comme s'il nous disait : si vous voulez vraiment être humains, imitez-moi, faites ce que j'ai fait. Pour nous, la tâche est d'autant plus accessible que les Évangiles fourmillent d'exemples concrets. Un exemple merveilleux d'*amitié* au foyer de Béthanie, avec Lazare, Marthe et Marie. Un modèle touchant de *compréhension* et de *miséricorde*, dans le regard qu'il a posé sur saint Pierre la nuit du Jeudi Saint, juste après ses trois reniements. Une invitation à vivre l'*esprit de service*, surtout dans le lavement des pieds des apôtres. Un paradigme de *générosité*, dans les événements terribles de la passion et de sa mort sur la Croix. Il est vraiment la

Voie pour apprendre à pratiquer toutes les vertus qui font de nous les bons enfants de Dieu, des disciples capables de vivre le grand commandement de l'amour.

b) Le Christ est la Vérité, une vérité qui nous rend libres

Le Seigneur ajoute cette deuxième précision, extrêmement intéressante pour nous. Nous avons dit que, plus ou moins consciemment, nous nous donnons des modèles dans la vie, qui nous sont pratiquement indispensables. Comment être sûrs que ceux que nous avons choisis sont irréprochables, qu'ils peuvent être imités en toute sécurité dans la mesure où tout est parfait chez eux ? Dans ce domaine, nous savons bien que les impressions personnelles, forcément subjectives, ne suffisent pas. Nous avons besoin de garanties plus solides, sans la moindre restriction. D'autant plus qu'il s'agit du sens de la vie, de notre succès ou de notre échec, et de l'accomplissement de notre vocation chrétienne.

Un autre texte de saint Jean, lui aussi très clair et bien connu, peut éclairer la question. « Jésus dit donc aux Juifs qui avaient cru en lui : "Si vous demeurez dans ma parole, vous êtes vraiment mes disciples. Vous connaîtrez la vérité, et la vérité vous rendra libres". » (*Jn* 8, 31-32) Il souligne fortement le lien essentiel et absolu qui existe entre vérité et liberté. Tout ce qui ne correspond pas à la vérité est une entrave, quoi que nous puissions en penser. En même temps, il affirme que lui seul a la vérité, qu'il *est* la vérité, une vérité que nous pouvons trouver dans l'Église. « Gardez-vous, ajoutait-il, des faux prophètes qui viennent à vous sous des vêtements de brebis, mais au dedans sont des loups rapaces. » (Mt 7, 15) Nous entendons ou lisons beaucoup de théories sur la vie morale, les règles de la vie et le comportement humain. Quelle que soit la droiture de ceux et de celles qui les proposent, si elles ne correspondent pas aux enseignements officiels du Magistère, ces hypothèses n'expriment que l'opinion personnelle de leur auteur. C'est comme si le Seigneur nous disait : Vous, fiez-vous à moi et aux pasteurs légitimes de l'Église, c'est votre intérêt !

c) Le Christ est la Vie, une vie qui n'en finira pas

C'est sa dernière affirmation, tout aussi importante que les autres. En fin de compte, nous pourrions trouver un bon modèle, ayant toutes les qualités, et nous décider à l'imiter, en calquant nos attitudes sur les siennes. Seulement, notre expérience nous dit que la tâche n'est pas toujours aisée, soit par manque de ressources personnelles, compte tenu de nos limites naturelles, soit par manque de force, de constance et d'endurance pour aller jusqu'au bout de nos résolutions. C'est vraisemblablement une des raisons qui explique qu'il y ait eu dans notre vie tant de tentatives sans lendemain ou pratiquement mort-nées. L'objectif s'est révélé au-dessus de nos pauvres forces humaines, peut-être parce que nous comptions un peu trop sur notre capacité.

Que nous dit Jésus ? Qu'il *est* la vie, qu'il *a* la vie ! Dans ce cas, la question se présente sous un tout autre jour, infiniment plus rassurant. C'est certainement saint Paul qui a le mieux exprimé cette idée, dans sa célèbre formule : « Si je vis, ce n'est plus moi qui vis, c'est le Christ qui vit en moi. » (*Ga* 2,20) C'est Jésus qui nous transforme de l'intérieur et en profondeur. C'est lui qui adore le Père, qui prie et sert toutes les âmes, qui porte les croix quotidiennes que son Père nous envoie. C'est toujours lui qui aime, travaille, se repose et vit loyalement l'amitié. Par conséquent, s'il est vrai que nous avons un plafond personnel plutôt bas et que nos nombreux défauts rendent plus difficiles nos idéaux et nos projets, il n'en reste pas moins que nous avons le pouvoir de faire vivre le Christ en nous, et cela change tout ! Des objectifs qui semblaient hors de portée deviennent alors accessibles.

Notre conclusion ? Proposons-nous résolument de faire de nouveaux pas vers le Christ, pendant les mois qui viennent. Sans oublier que dans cet itinéraire qui, passant par lui, nous conduit jusqu'à son Père, le premier pas devrait être la dévotion mariale. Car c'est par Marie que le Verbe a reçu sa Sainte Humanité. « Je vous salue, Marie, pleine de grâce, le Seigneur est avec vous ». Le Seigneur est toujours avec la Vierge Marie. Cherche le Christ ! Si nous voulons avoir des chances de le trouver, c'est auprès d'elle que nous devons commencer nos recherches, peut-être en récitant le chapelet avec le plus de dévotion possible.

XII. L'ESPRIT SAINT

Sa mission de sanctification

> « Celui que le Père a envoyé dans nos cœurs, l'Esprit de son Fils (cf. *Ga* 4, 6) est réellement Dieu. Consubstantiel au Père et au Fils, il en est inséparable, tant dans la Vie intime de la Trinité que dans son don d'amour pour le monde. Mais en adorant la Trinité Sainte, vivifiante, consubstantielle et indivisible, la foi de l'Église professe aussi la distinction des Personnes. Quand le Père envoie son Verbe, Il envoie toujours son Souffle : mission conjointe où le Fils et l'Esprit Saint sont distincts mais inséparables. Certes, c'est le Christ qui paraît, Lui, l'Image visible du Dieu invisible, mais c'est l'Esprit Saint qui Le révèle » (*Catéchisme de l'Église Catholique*, n° 689)

Nous avons rappelé dans la méditation précédente que Dieu a envoyé son Fils unique dans ce monde pour que le monde soit sauvé par lui et que l'incarnation du Verbe marque la plénitude du temps et de l'histoire. Le Fils lui-même l'a explicitement affirmé à Nicodème et saint Paul l'a commentée dans l'épître aux Galates. En toute justice, Jésus a pu dire au moment de rendre son esprit : « Tout est consommé » (*Jn* 19, 30). Consommé, parce qu'il n'a pas reculé lorsque l'heure est venue d'aller vers la Croix, malgré l'effroi et l'angoisse qu'elle suscitait dans son cœur d'homme (cf. *Mc* 14, 33). Il a bu jusqu'à la lie le calice que son Père avait préparé pour lui et qui était le prix de notre rachat.

Cependant, selon le *dessein bienveillant* que le Père avait formé en notre faveur, son œuvre n'était pas encore complétement *achevée*. Il restait l'effusion de l'Esprit Saint sur les apôtres, sur l'Église naissante et sur le monde, ce qui fut fait le jour de la Pentecôte. La Pentecôte chrétienne est présentée de diverses manières dans les écrits du Nouveau Testament. D'abord et surtout au chapitre 2 du livre des Actes des Apôtres, le passage le plus connu, le plus commenté et sans doute le plus représenté dans l'art chrétien. Saint Luc, auteur du livre, place le don de l'Esprit Saint à l'intérieur d'une théophanie, c'est-à-dire d'une manifestation de la Trinité aux hommes, dans le droit fil de l'expérience du Peuple élu au Sinaï (Ex 19) : fracas, vent impétueux, langues de feu, autant de signes qui évoquent la majesté et la puissance de Dieu. C'est le Père qui donne l'Esprit par l'intervention du Christ glorifié.

Il existe aussi dans le Nouveau Testament un autre récit, un texte que certains auteurs ont appelé la *Pentecôte de saint Jean*. Dans le quatrième Évangile, l'effusion de l'Esprit se situe le soir de Pâques, pour bien montrer qu'elle reste intimement liée à la Résurrection. Il est sans doute utile que nous relisions ce passage : « "Paix avec vous !" Comme mon Père m'a envoyé, moi aussi je vous envoie." Après ces paroles, il souffla sur eux et leur dit : "Recevez l'Esprit-Saint." Ceux à qui vous remettrez les péchés, ils leur seront remis ; et ceux à qui vous les retiendrez, ils leur seront retenus. » (*Jn* 20,21-23). Dans ce récit resplendit la gloire de la Trinité. Le Christ Ressuscité se montre dans son corps glorieux avec toute sa force. Le Père est la source même de la mission apostolique confiée aux apôtres et qui se poursuit dans l'Église. L'Esprit est répandu comme un don de paix, de miséricorde et de pardon.

Très logiquement, ce passage a été très souvent commenté, parce qu'il rapporte l'institution du sacrement de la Réconciliation, dans des circonstances qui sont à souligner. Cette institution s'est accompagnée du souffle de l'Esprit, en souvenir du premier souffle de Dieu au moment de la création de l'homme : « Il insuffla dans ses narines une haleine de vie et l'homme devint un être vivant » (*Gn* 2, 7). Il est ainsi bien signifié que, dans une certaine mesure, chacune de nos confessions nous fait ressusciter, renaître à une vie nouvelle, la vie du Christ, y compris lorsque nous n'avons pas de péchés graves à accuser, la grâce de Dieu nous ayant protégés. L'Esprit Saint, sa grâce et ses dons se répandent sur nous et nous recevons de nouvelles énergies pour mener jusqu'au bout le bon combat.

Le rappel de ce texte pourrait nous encourager à recourir plus fréquemment et plus assidûment au sacrement de la miséricorde de Dieu, le sacrement du pardon. En fin de compte, c'est le moyen le plus ordinaire que Dieu a prévu pour nous envoyer son Esprit. Il ne le fait pas uniquement lors de notre confirmation ou de la profession de foi, ou encore chaque année le grand jour de la Pentecôte. Non ! Il est prêt à la faire aussi souvent que nous le souhaitons, avec toujours le même souffle de vie. L'Église a choisi une expression pour désigner le recours régulier à ce sacrement : la confession de *dévotion*. Un moyen d'une puissance extraordinaire dans notre effort de sanctification.

Cela étant dit, retenons deux idées à propos de la mission du Paraclet dans l'Église et dans l'âme du chrétien, telle que le Christ l'a présentée au cours de la Dernière Cène. « Je vous ai dit ces choses pendant que je demeure avec vous. Mais le Consolateur, l'Esprit-Saint, que mon Père enverra en mon nom, lui, vous enseignera toutes choses, et vous rappellera tout ce que je vous ai dit. » (*Jn* 14, 25-26) Paroles éclairantes s'il en est sur les rôles respectifs des deux Personnes divines ! Les deux Consolateurs, les deux Paraclets, dont les missions se suivent et se complètent, toujours conformément au *dessein bienveillant* du Père.

— *Le Fils, Verbe du Père, nous apporte la plénitude de la Révélation.* Saint Jean de la Croix commente que, après l'incarnation de son Verbe, Dieu s'est tu parce qu'il n'avait plus rien à nous dire. Nous trouvons des enseignements parfaits et complets dans les Évangiles et dans les autres livres du Nouveau Testament. Le christianisme est un chemin admirablement bien balisé qui conduit à la vie éternelle.

— *Le Saint-Esprit, quant à lui, a pour mission de nous faire bien comprendre les enseignements du Christ.* La preuve en est que les apôtres, auditeurs directs de sa Parole, n'ont pas tout compris, tant s'en faut. C'est seulement après la Pentecôte que leur esprit s'est ouvert et qu'ils ont bien saisi le message du Maître. L'Esprit Saint leur a rappelé et dévoilé tout ce que le Christ leur avait enseigné jusqu'alors.

L'Esprit Saint nous enseigne tout

Le Seigneur a dit que, d'abord, l'Esprit Saint nous enseignera *tout.* Il l'avait déjà annoncé à plusieurs reprises, notamment lors de la fête des Tentes, comme saint Jean nous le fait remarquer dans un commentaire personnel : « Celui qui croit en moi, de son sein, comme dit l'Écriture, couleront des fleuves d'eau vive. Il disait cela de l'Esprit que devaient recevoir ceux qui croient en lui ; car l'Esprit n'était pas encore donné, parce que Jésus n'avait pas encore été glorifié » (*Jn* 7, 38-39). Quelques mois plus tard, Jésus sera déjà monté au Ciel et glorifié, assis à la droite du Père, si bien que le Paraclet, l'autre Consolateur, pourra accomplir sa mission d'enseignement. Des fleuves d'eau vive se déverseront sur le monde et dans notre pauvre âme, il est la plénitude de la vie divine.

En relisant les propos du Christ, nous devrions penser à notre foi personnelle et à notre vie chrétienne, en rapport avec les enseignements de l'Église et de son Magistère. Nous avons absolument besoin des lumières de l'Esprit, y compris pour les choses qui semblent les plus simples. Mettons-nous avec humilité à l'école de ce Maître divin, patient et attentionné. Qu'est-ce que nous avons le plus de mal à comprendre ou à pratiquer à l'heure actuelle ? Surtout, que pourrions-nous *mieux* comprendre, avec un plus grand engagement personnel ? La séquence de la messe de la Pentecôte nous encourage à aller dans ce sens-là : « Viens, lumière de nos cœurs ; envoie du haut du ciel un rayon de ta lumière ». À chacun de voir dans quel domaine il a le plus besoin de ce soutien intellectuel et de ces lumières.

Saint Paul apporte dans ses épîtres d'autres précisions sur la mission de l'Esprit auprès de nous. Fidèle à la pédagogie sémitique, il aimait souligner fortement les contrastes. Ne parle-t-il pas de l'homme *nouveau*, régénéré par la grâce du Christ, et du *vieil* homme, avec ses convoitises ? Nous trouvons un contraste analogue dans sa première épître aux Corinthiens (2, 14-15), à propos de la mission de l'Esprit Saint : « L'homme *naturel* ne reçoit pas les choses de l'Esprit de Dieu, car elles sont une folie pour lui, et il ne peut les connaître, parce que c'est par l'Esprit qu'on en juge. L'homme *spirituel*, au contraire, juge de tout ». Par conséquent, si nous avons des problèmes de compréhension, c'est vraisemblablement par notre faute. C'est l'homme *naturel* (appelé aussi *animal*) qui ne comprend pas bien les réalités de la vie de la grâce, telles que la sobriété et la tempérance chrétiennes, la maîtrise de soi, le pardon et la miséricorde, le sens de la mortification et bien d'autres choses. Heureusement le Seigneur nous a garanti que « l'Esprit Saint vous enseignera tout ».

L'Esprit Saint vous rappellera tout ce que je vous ai dit

Il a aussi évoqué une autre mission, si l'on peut dire encore plus intéressante pour nous : le rappel, la mémoire. « Il vous rappellera tout ce que je vous ai dit », ce qui fut effectivement fait. Tout bien considéré, c'est surtout dans ce domaine que nous pouvons rencontrer les plus sérieuses difficultés. Par définition, nous sommes habituellement bien disposés, sinon nous ne vivrions pas en chrétiens. Nous voulons très sincèrement bien faire les choses, suivre les conseils de l'Église, obéir et être dociles. Seulement, il nous arrive d'oublier les aspects les plus pratiques de notre foi, notre mémoire étant bien mauvaise. Nous oublions surtout notre engagement chrétien, alors qu'il constitue notre vraie raison d'être et de vivre, l'aspect essentiel de notre vie. Dieu nous a demandé de mettre à son service toutes nos énergies, même nos défauts et nos petites misères personnelles.

Pensons plus concrètement encore aux petites résolutions

que nous prenons dans notre lutte chrétienne, par exemple lors d'une retraite spirituelle ou en conclusion d'un moment d'examen le soir. Pourquoi cessons-nous de les mettre en pratique ? Nous arrive-t-il de prendre des résolutions négatives ? Certainement pas ! Personne n'oserait dire, « je vais arrêter d'être sobre à table, de contrôler mon mauvais caractère ; je vais perdre mon temps », et ainsi de suite. Nous avons oublié, un point c'est tout. Cela nous est sorti de la tête, d'autant plus facilement que leur mise en pratique peut se révéler dure. Pensons aussi aux indications plus personnelles que nous recevons dans l'accompagnement spirituel, si nous en suivons un. Celles-là aussi, nous risquons de les oublier vite.

Quoi qu'il en soit, soyons confiants car l'Esprit Paraclet sera là pour tout nous rappeler et pour nous insuffler l'haleine de vie dont nous aurons besoin pour aller jusqu'au bout de tout. « Viens en nous, père des pauvres », dit la Séquence de la Pentecôte, père de ceux qui n'ont rien, si ce n'est leurs misères et leur petitesse, de ceux qui voient clairement leur insuffisance, sans pour autant oublier leur dignité d'enfants de Dieu. « Viens dispensateur des dons », les sept dons, pour que je sois fidèle au Christ et à son Église. Ouvre mon intelligence et mon cœur et rappelle-moi que je m'y suis fermement engagé, si d'aventure je l'oublie.

Très Sainte Vierge Marie, faites que moi aussi je médite « tout cela » dans mon cœur, toutes les merveilles dont vous avez été le témoin privilégié. Pour que, sans jamais reculer, je puisse répondre « qu'il m'advienne selon ta Parole » à tous les appels que Dieu voudra bien m'adresser, comme vous l'avez fait le jour de l'Annonciation et tous les jours jusqu'à votre montée au ciel.

XIII. LA VIE ÉTERNELLE

Les vérités dernières et le sens de la vie

> « "C'est en face de la mort que l'énigme de la condition humaine atteint son sommet" (GS 18). En un sens, la mort corporelle est naturelle, mais pour la foi elle est en fait "salaire du péché" (*Rm* 6, 23 ; cf. *Gn* 2, 17). Et pour ceux qui meurent dans la grâce du Christ, elle est une participation à la mort du Seigneur, afin de pouvoir participer aussi à sa Résurrection (cf. *Rm* 6, 3-9 ; *Ph* 3, 10-11). » (*Catéchisme de l'Église Catholique*, n° 1006)

« Allez donc, enseignez toutes les nations, les baptisant au nom du Père, du Fils et du Saint-Esprit » (Mt 28, 19). C'est bien parce que les apôtres et les premiers chrétiens ont été fidèles au mandat du Christ que, vingt siècles plus tard, nous avons reçu le don de la foi, lumière puissante, lampe allumée qui nous permet de ne pas avancer dans les ténèbres. La catéchèse apostolique a d'abord évoqué l'origine de l'homme et du monde, répondant à la première grande interrogation de l'esprit humain : *D'où venons-nous ?* Elle a insisté sur la création, l'élévation de l'homme par la grâce à la vie surnaturelle. Elle a aussi fait état des obstacles qui peuvent entraver l'épanouissement de cette vie nouvelle, notamment le péché et la tiédeur, pour s'occuper ensuite d'un deuxième sujet très important qui complète le premier : l'au-delà.

En effet, telle est la deuxième interrogation fondamentale de notre esprit : *Où allons-nous ?* Si notre vie humaine et chrétienne a une origine, de toute évidence elle a aussi une fin. C'est l'autre jalon à considérer, le mot jalon convenant fort bien puisque les chrétiens désignaient leur foi au Christ comme la « Voie ». Cependant, c'est une fin qui n'en est pas une ; tout bien considéré, il s'agit plutôt d'un passage. La lecture du livre des Actes des Apôtres et des autres écrits du Nouveau Testament nous montre que chez les premiers chrétiens tout était dominé par l'idée de la Résurrection et du deuxième Avènement du Christ. Ils vivaient dans l'espérance et dans l'attente du retour glorieux du Maître. Dès lors, la mort, si elle n'était pas banalisée, était abordée dans un esprit de sérénité, car elle était comme absorbée dans l'espérance du salut et de la vie éternelle.

Dieu dans sa bonté paternelle a tenu à nous éclairer sur les deux questions clés de notre existence : *d'où nous venons et où nous allons*. Par conséquent, nous savons qu'il n'a pas créé l'homme pour l'anéantir au moment de sa mort. Tel est bien le sort des autres créatures qu'il a soumises à notre pouvoir. Ayant rempli leur tâche, elles cessent d'exister et disparaissent dans la nature. À nous, il nous a donné une âme immortelle, le fameux « souffle de Dieu » du chapitre 2 de la Genèse. En outre, il nous a élevés à l'ordre de la grâce et nous destine à la gloire du Ciel, à entrer dans l'intimité de sa vie trinitaire. La conclusion de la Prière Eucharistique IV l'affirme très joliment : « À nous qui sommes tes enfants, accorde, Père très bon, l'héritage de la vie éternelle. » Merveilleux héritage que celui-ci !

La mort

Compte tenu de nos sentiments naturels et de notre expérience, il est logique qu'en évoquant la vie éternelle nous nous interrogions aussi sur la présence de la mort. Qu'est-ce qui nous fait le plus peur et nous déroute le plus ? Vraisemblablement la mort. Pourquoi existe-t-elle ? Quelle que soit la réponse que chacun puisse donner à ces questions, nous pouvons affirmer que tout homme la craint. Simplement parce qu'elle n'est pas tout à fait *naturelle*. Elle ne fait pas partie de nos instincts, qui plus est, elle s'oppose à un instinct foncier, l'instinct de conservation. Dans ce cas, pourquoi la mort ? La foi nous éclaire puissamment sur la question. Dans son premier dessein, avant le péché originel, Dieu avait décidé d'épargner Adam et Ève et de les prendre directement pour les conduire à la gloire du ciel à la fin de leur parcours terrestre. C'était un don gratuit que nous qualifions de *préternaturel*, parce qu'il va au-delà de la nature. Nous aussi nous aurions été épargnés, sans avoir à passer par cet événement si troublant et douloureux.

Dans ce cas, comment la mort est-elle entrée dans le monde ? La Prière Eucharistique IV nous le rappelle, qui cite une bonne dizaine de fois son existence. « Comme ils avaient perdu ton amitié, en se détournant de toi, tu ne les as pas abandonnés au pouvoir de la mort. » La mort a un pouvoir sur nous, puisque nous mourrons tous un jour, que nous le voulions ou non. Ce pouvoir vient du premier péché et de nos péchés personnels, c'est la rançon à payer. Heureusement, ce pouvoir n'est pas définitif. Dieu ne nous a pas du tout abandonnés. Par sa mort, le Christ a payé le prix de notre rachat.

« Pour accomplir le dessein de ton amour, il s'est livré lui-même à la mort, et, par sa résurrection, il a détruit la mort et renouvelé la vie », ajoute la même Prière Eucharistique.

Quelles sont, par conséquent, les données essentielles à prendre en compte dans notre méditation ? Nous pourrions dire, de façon un peu schématique, que pour arriver à l'éternité nous devons suivre un itinéraire bien balisé. Dieu nous a créés et élevés à l'ordre de la grâce par le baptême, qui nous a fait entrer dans l'Église. Il a passé une alliance avec nous, fondée sur l'amour, à charge pour nous de suivre les balises, de respecter sa Loi et les enseignements de l'Église. En même temps, notre part dans cette alliance qui nous relie à Dieu doit être exécutée dans la liberté, car sans liberté l'amour est impossible, mais aussi dans un esprit de responsabilité. C'est pourquoi nous serons jugés, au terme de notre vie terrestre, et nous recevrons la rétribution méritée, la récompense ou la punition. C'est sans doute un peu trop schématique, mais l'essentiel de notre vie est dans ces lignes. Voilà la véritable affaire pour nous tous, celle que nous ne pouvons en aucun cas manquer. Ceci explique que, pour évoquer ces questions, l'Église ait choisi l'expression « vérités dernières », dernières parce que définitives.

Le jugement

« Chaque homme reçoit dans son âme immortelle sa rétribution éternelle dès sa mort en un jugement particulier qui réfère sa vie au Christ, soit à travers une purification, soit pour entrer immédiatement dans la béatitude du ciel, soit pour se damner immédiatement pour toujours » (*Catéchisme de l'Église Catholique*, n° 1022). C'est une deuxième vérité, encore plus déterminante que la première, puisque la mort n'est que le passage de la vie terrestre à la vie éternelle. La véritable heure de vérité est celle de notre jugement personnel, le moment où nous comparaîtrons devant Dieu.

Si nous pensons à notre liberté, ce grand privilège que Dieu nous a accordé, ne la séparons jamais de notre responsabilité dans l'usage que nous en faisons. Toute la Loi morale s'appuie sur un fait que personne ne peut contester, à savoir la trace que laissent en nous nos choix et nos décisions libres. Nous pouvons les regretter, en être plus ou moins satisfaits ou fiers. Mais nous ne pourrons jamais ne pas les assumer, tout au moins devant Dieu, parce que devant lui aucun subterfuge n'est possible. Si nous relisons les grandes paraboles des derniers chapitres de l'Évangile selon saint Matthieu (les ouvriers envoyés à la vigne, les dix vierges, les talents, les invités au festin, les serviteurs, etc.), nous voyons que dans tous les scénarios, après avoir confié à ses serviteurs des tâches déterminées, le Maître revient pour leur demander des comptes. « Rends compte de ta gestion » (*Lc* 16, 2), dit-il à l'intendant infidèle.

Nous ne pouvons pas ne pas assumer nos actes, si nos décisions ont été libres – et elles l'ont été, jusqu'à preuve du contraire. Comme ces idées sont claires si nous pensons au jugement ! Devant Dieu il n'est pas possible de tricher. À la rigueur, nous risquons dans ce monde de nous abuser nous-mêmes, sous le poids de nos préjugés et de nos passions. Mais cela ne durerait pas longtemps, parce que notre conscience nous le ferait tôt ou tard comprendre. Le jugement particulier sera définitif et sans appel, le temps de la liberté étant terminé. Voilà pourquoi il est si important que nous tenions en ordre les affaires de notre âme, comme nous nous efforçons de le faire pour les affaires temporelles : bilan de nos comptes, entrées et sorties, dettes, échéances et tout le reste. Nous ne voulons surtout pas être pris de court et avoir de mauvaises surprises.

Au cours de notre séjour terrestre ce travail de contrôle peut être fait grâce à l'examen de conscience. Il est utile que cet examen soit, si possible, quotidien. Et puis, de temps en temps, un peu plus long et profond, par exemple en participant à une retraite spirituelle de plusieurs jours ou à un jour de récollection. Ce recul nous permet de tout replacer dans la perspective la plus juste, celle qui correspond au plan de Dieu et nous aide aussi à reconnaître notre responsabilité dans nos fautes, *pendant qu'il est encore temps*. Au moment du jugement particulier, aucune rectification ne sera plus possible. Eh bien, anticipons ce moment par l'examen, car dans ce cas nous aurons la possibilité d'avoir recours à temps au sacrement de Réconciliation. « La confession des péchés (l'aveu), même d'un point de vue simplement humain, nous libère et facilite notre réconciliation avec les autres. Par l'aveu, l'homme regarde en face les péchés dont il s'est rendu coupable ; il en assume la responsabilité et par là, il s'ouvre de nouveau à Dieu et à la communion de l'Église afin de rendre possible un nouvel avenir. » (*Catéchisme de l'Église Catholique*, n° 1455)

La rétribution : le ciel ou l'enfer

Parmi les vérités que le Christ a révélées, l'existence de l'enfer est sans doute une des plus dures à *accepter*. Pourtant, le *Catéchisme* rappelle qu'elle aussi appartient à la foi, au même titre que les autres. « L'enseignement de l'Église affirme l'existence de l'enfer et son éternité. Les âmes de ceux qui meurent en état de péché mortel descendent immédiatement après la mort dans les enfers, où elles souffrent les peines de l'enfer, “le feu éternel” » (n° 1035). Nous n'avons pas le droit de la mettre en doute ou d'avancer notre petite théorie. Pour nous, elle devrait être plutôt un point de départ, puisque l'hypothèse d'une damnation n'est pas exclue. Certains disent que cette possibilité est incompatible avec la miséricorde de Dieu. C'est oublier un peu trop vite sa justice et surtout le vrai motif de la damnation. Ce n'est pas Dieu qui refuse son pardon au pécheur qui l'implore mais, chose surprenante, c'est le pécheur qui refuse de demander et d'accepter ce pardon. Ayons horreur du péché mortel et de tout péché et faisons vite le nécessaire pour nous réconcilier avec Dieu. Non pas seulement pour des raisons *intéressées* aussi légitimes soient-elles, mais par Amour. Et ne prêtons aucune attention à tous ceux qui avancent des théories personnelles, condamnées par l'Église.

Pour finir sur une note positive, parlons du ciel. « Cette vie parfaite avec la Très Sainte Trinité, cette communion de vie et d'amour avec Elle, avec la Vierge Marie, les anges et tous les bienheureux est appelée “le ciel”. Le ciel est la fin ultime et la réalisation des aspirations les plus profondes de l'homme, l'état de bonheur suprême et définitif. » (*Catéchisme de l'Église Catholique*, n° 1024) La volonté de Dieu est de nous faire partager sa vie intime et sa joie éternelle. C'est pour cela qu'il nous a créés, élevés et rachetés. Toutes les actions divines, chacune des grâces qu'il nous accorde, visent à nous faire entrer dans le ciel. Le ciel, c'est l'amour de Dieu vécu en plénitude, dans une intimité totale et définitive, ce qui exige l'identification des deux volontés. Voilà notre tâche dans ce monde. Dans son entretien avec la Samaritaine (cf. *Jn* 4), le Christ a évoqué une eau qui ne désaltère pas, le matérialisme, l'hédonisme, les biens de ce monde. Mais aussi une autre eau qui, elle, jaillit en vie éternelle et étanche définitivement la soif. Notre travail consiste à nous détacher de l'une pour nous attacher à fond à l'autre.

Tant que notre volonté ne sera pas vraiment pure, nous ne pourrons pas voir Dieu. C'est pourquoi l'Église enseigne aussi l'existence du purgatoire : « Ceux qui meurent dans la grâce et l'amitié de Dieu, mais imparfaitement purifiés, bien qu'assurés de leur salut éternel, souffrent après leur mort une purification, afin d'obtenir la sainteté nécessaires pour entrer dans la joie du ciel. » (*Catéchisme de l'Église Catholique*, n° 1030). Pour qu'elle puisse être introduite dans l'intimité divine, rien d'impur ne doit subsister dans l'âme.

Conséquences pour notre vie ordinaire.

Voilà un court résumé de la doctrine sur les fins dernières, et quelques vérités solides et définitives. Or, dans notre vie tout but final a une influence déterminante sur le reste. Qu'est-ce que, très maternellement, l'Église nous rappelle et nous conseille ? Que nous pensions régulièrement à l'au-delà et que nous nous y préparions. Car *telle vie, telle mort, telle éternité.* Cela est sûr et certain ; c'est la seule chose qui soit sûre. À titre de suggestion, nous pouvons évoquer trois idées concrètes.

— *La vie de prière.* Au moment d'entrer dans le ciel Dieu ne devrait pas être un inconnu, une sorte de cadeau "surprise". Il nous a accordé la possibilité d'initier déjà ici bas le dialogue définitif avec lui. Ce dialogue, nous l'appelons vie de prière, prière mentale et vocale, notre plan de vie chrétienne.

— *Nourrir notre âme*, pour qu'elle tienne bon tout au long de la traversée. Pourquoi le Christ a-t-il institué les sacrements ? Comme moyens du salut et de vie ! Ayons souvent recours aux deux qui nous accompagneront jusqu'au bout du chemin : la Réconciliation et l'Eucharistie.

— *Faire œuvre utile,* sans tomber dans l'égoïsme et dans un esprit matérialiste, qui nous ferait concevoir la vie comme une recherche du maximum de plaisir. Rappelons-nous ce mot de l'Apocalypse : « Heureux dès maintenant les morts qui meurent dans le Seigneur ! Oui, dit l'Esprit, "qu'ils se reposent de leurs travaux, car *leurs œuvres les suivent*" » (*Ap* 14,13). Leurs œuvres, nos bonnes œuvres, c'est la seule chose que nous pourrons sortir de ce monde.

Prions la Vierge Marie pour qu'elle nous aide à être prêts à l'heure de notre mort. C'est ce que nous lui demandons à chaque fois que nous récitons le « Je vous salue Marie ». Nous y évoquons les deux moments qui comptent vraiment dans la vie. *Maintenant*, le moment présent, le seul sur lequel nous ayons une prise. Et *l'heure de notre mort*, l'heure qui décidera de notre sort éternel. Abordons ces deux moments dans la confiance, puisque nous pouvons compter sur le soutien maternel et indéfectible de notre Mère du ciel.

XIV. LA VIERGE MARIE

Sa présence maternelle dans la vie chrétienne

> « Le rôle de Marie envers l'Église est inséparable de son union au Christ, elle en découle directement. “Cette union de Marie avec son Fils dans l'œuvre du salut est manifeste dès l'heure de la conception virginale du Christ, jusqu'à sa mort” (LG 57). Elle est particulièrement manifeste à l'heure de sa passion : “La bienheureuse Vierge avança dans son pèlerinage de foi, gardant fidèlement l'union avec son Fils jusqu'à la Croix où, non sans un dessein divin, elle était debout, souffrant cruellement avec son Fils unique, associée d'un cœur maternel à son sacrifice, donnant à l'immolation de la victime, née de sa chair, le consentement de son amour, pour être enfin, par le même Christ Jésus mourant sur la Croix, donnée comme sa Mère au disciple par ces mots : “Femme, voici ton fils” (*Jn* 19, 26-27)” (LG 58). »
> (*Catéchisme de l'Église Catholique*, n° 964)

Ce point du Catéchisme nous présente synthétiquement la place et le rôle de la Vierge Marie dans l'œuvre de la Rédemption, à partir de certains extraits du plus important des documents du Concile Vatican II, la constitution *Lumen gentium*. Quelques paragraphes plus loin, ce même document met bien en lumière sa mission dans la vie de l'Église et de chaque chrétien : « Elle a apporté à l'œuvre du Sauveur une coopération absolument sans pareil par son obéissance, sa foi, son espérance, son ardente charité, pour que soit rendue aux âmes la vie surnaturelle. C'est pourquoi elle est devenue pour nous, dans l'ordre de la grâce, notre Mère. » (LG 61)

Compte tenu de la volonté divine de la faire participer à un titre absolument singulier à la Rédemption, il est logique que nous terminions nos méditations sur la foi en évoquant notre dévotion mariale. Le *Catéchisme*, tout comme un bon nombre de documents de Benoît XVI, de Jean Paul II et des précédents souverains-pontifes, pourra nous permettre d'approfondir les fondements doctrinaux de cette dévotion. N'hésitons pas à les lire ou à les relire pendant l'Année de la Foi. Nous en tirerons le plus grand profit, nous renforcerons nos convictions les plus intimes et nous replacerons au cœur de notre vie celle que le Christ nous a donnée pour Mère. Dans notre méditation, nous allons adopter un point de vue plus pragmatique, mais non moins intéressant.

Le rôle de la Vierge Marie dans la Rédemption

Le Sermon sur la montagne (Mt ch. 5 à 7) esquisse une sorte de portrait du bon disciple du Christ, en proposant un résumé assez complet des qualités et des vertus qu'il est censé posséder. À quoi peut-on le reconnaître ? Le Seigneur lui-même le précise. « Ce n'est pas celui qui m'aura dit : “Seigneur, Seigneur !”, qui entrera dans le royaume des cieux, mais celui qui aura fait la volonté de mon Père qui est dans les cieux. » (*Mt* 7, 21) Les beaux discours ne font pas le bon disciple, les bonnes intentions non plus.

L'élément essentiel est le respect de la volonté du Père, son accomplissement fidèle.

Cette idée est tellement importante que le Christ va la confirmer plus tard, à Capharnaüm, dans sa maison, alors qu'une grande foule est venue l'écouter. Une femme du peuple s'est laissée aller à son enthousiasme : « Heureuses les entrailles qui t'ont porté, et les seins que tu as sucés ! » Mais il lui dit : "Heureux plutôt ceux qui écoutent la parole de Dieu et qui la gardent !" » (*Lc* 11, 27-28). Pour un lecteur peu familier de l'Évangile, cette réponse peut sembler dure, voire désobligeante, à l'égard de la Vierge Marie. C'est en réalité tout le contraire, l'éloge le plus appuyé qui ait été fait de sa fidélité sans faille au plan de Dieu. La réplique du Seigneur doit lui être appliquée parce qu'elle souligne l'importance de son rôle dans l'œuvre du salut, bien plus important par son identification à la Volonté divine que par sa maternité physique.

Dans un élan filial, plein de spontanéité et de tendresse, les chrétiens aiment parler de celle qui est leur Mère. Or, cet élan affectif n'exclut pas la réflexion, puisque derrière la piété mariale se cache toujours une doctrine d'une profondeur peu commune. Précisément, le but de notre méditation est d'en faire ressortir quelques aspects. Dans les textes cités, le Christ a indirectement mais réellement affirmé que Marie a écouté et accompli la Parole de Dieu. Nous pouvons évoquer brièvement trois passages de l'Écriture où il est question de sa docilité à la Parole de Dieu. Ils se suivent et nous présentent la profonde cohérence de sa réponse.

— *Premier moment, l'Annonciation* (cf. *Lc* 1,26-37). Saint Gabriel a été envoyé de la part de Dieu pour lui faire connaître la place qu'il lui réservait dans son dessein de salut. Elle écoute, pose une question sur les modalités concrètes de la volonté divine et donne son assentiment. « Voici la servante du Seigneur, qu'il me soit fait selon ta parole » (*Lc* 1, 38). « Ta Parole », avec toutes ses nuances, une parole qui se dévoilera progressivement à elle, lui apportant les précisions opportunes. Sachons qu'en règle générale, Dieu ne fait pas connaître en une seule fois sa volonté. Ce serait trop lourd pour nos frêles épaules ! N'hésitons jamais, le cas échéant, à poser les questions nécessaires aux personnes les plus indiquées.

— *Deuxième moment, la Purification* (cf. *Lc* 2, 22-38). Elle se soumet aux rites prévus par la Loi, sans se retrancher derrière la conception virginale de Jésus. Siméon le vieillard l'attendait et lui parle du glaive qui transpercera son cœur, comme un aspect important de l'œuvre de salut que le Messie va accomplir. Désormais, elle vivra dans l'attente de ce glaive que Dieu a prévu pour elle, sans peur, sans reculer, sans chercher à se dérober ou à se protéger, en affrontant résolument tous les événements. Elle a donné sa parole au moment de l'Annonciation et elle ne la reprendra pas. Ne cherchons pas de privilèges, d'exceptions à la règle commune que l'Église prévoit pour ses enfants. Ne reculons pas devant les conséquences de nos engagements, sous prétexte que leur mise en application devient plus dure.

— *Troisième moment, la Croix* (cf. *Jn* 19,25-27). « Près de la croix de Jésus se tenait sa mère », dit saint Jean, le disciple que Jésus aimait. Les apôtres, excepté lui-même, ont pris la fuite, dans une panique générale. Pierre l'a renié. Pour sa part, elle *se tenait* près de la Croix, apportant un dernier soutien à son Fils, le fruit béni de ses entrailles, pleinement identifiée à son sacrifice. C'est le moment précis que le Christ avait prévu pour faire d'elle notre Mère : « Voici ton fils », voici l'ensemble de tes fils, je te les confie, veille sur chacun d'eux. N'ayons pas peur de la Croix lorsqu'elle arrivera, puisque nous savons pertinemment qu'elle nous apporte toujours le salut et que la Vierge Marie se tiendra près de nous, pour la rendre moins lourde et plus supportable.

Ces trois passages montrent bien qu'elle a vraiment écouté la parole de Dieu et qu'elle l'a mise en pratique jusqu'au bout. D'où son rôle très central dans l'œuvre de la Rédemption. Ce rôle n'est pas purement accessoire, il est très important pour chacun de nous. Certes, comme l'Église le rappelle, le Christ est l'unique Sauveur du monde, le seul Médiateur. Lui seul, en tant que Verbe incarné, pouvait payer la rançon due pour nos péchés. Cependant, il a voulu associer les hommes à son œuvre de salut. C'est pourquoi on dit des chrétiens qu'ils sont des co-rédempteurs, et en tout premier lieu la Vierge Marie qui s'est unie à son oblation comme personne d'autre ne pourra jamais le faire.

Son intercession maternelle

Le Christ est venu pour nous révéler la paternité de Dieu et, avant de monter au ciel, il a fait en sorte que nous ayons aussi une mère. La dévotion mariale répond à une tradition qui remonte aux premiers temps de l'Église. Très spontanément et très naturellement, les premiers chrétiens se sont tournés vers elle, à commencer par les apôtres eux-mêmes, réunis autour d'elle dans l'attente de la Pentecôte. Ils tenaient à se conformer aux dernières volontés du Maître. Cette volonté, ils la connaissaient bien car il est plus que probable que saint Jean leur ait fidèlement rapporté tout ce qu'il a vécu et écouté sur le Calvaire. Certains ont affirmé à mauvais escient que la dévotion mariale porte ombrage à l'œuvre du Christ. Sûre de ses convictions, l'Église y répond en affirmant que l'élan filial de ses enfants s'appuie sur la force salvifique du Seigneur, sur sa volonté explicite, et qu'il vise exactement les mêmes objectifs que la Rédemption : notre entrée dans la gloire du Ciel.

Lorsqu'il s'adresse aux hommes, Dieu a toujours employé notre langage, nos modes d'expression et nos catégories mentales. C'est pourquoi, en lisant la Bible, il est bon de prendre les mots dans leur sens littéral, avant toute autre chose. Qu'est-ce que le Christ a dit au moment même où il allait rendre son esprit ? « Voici ton fils, voici ta mère ». Le mot *mère* et le mot *fils* doivent se lire selon leur sens littéral. Marie est vraiment une mère pour nous, *notre* mère, et elle se comporte comme telle. Une mère digne de ce nom, que souhaite-t-elle pour ses enfants ? Qu'ils soient heureux ! Elle leur donne sa vie, les éduque et leur transmet l'expérience et la sagesse qu'elle a accumulées. Mieux que ses enfants, elle connaît vraiment la vie, ce qui est bon ou mauvais, ce qui a du prix ou ce qui n'est qu'une bagatelle inconsistante.

Il en est ainsi de Marie et de nous, elle se comporte en mère et souhaite de tout son cœur que nous soyons heureux. Or, elle sait mieux que quiconque qu'aucun bonheur n'est possible sans Dieu ou loin de Dieu. Nous avons souligné qu'elle a écouté la parole de Dieu et qu'elle l'a toujours mise en pratique. Eh bien, par définition la parole de Dieu est une parole pleine de tendresse paternelle, l'expression de ses vœux de bonheur pour nous. Dans un texte rapporté par saint Luc, qui correspond au Sermon sur la montagne de saint Matthieu, le Seigneur tient à nous rassurer : « Sois sans crainte petit troupeau, car votre Père s'est complu à vous donner le Royaume » (12,32). Notre Mère ne souhaite rien d'autre et elle s'y emploie à fond, avec tout son amour maternel. Voici deux conclusions pour cette dernière méditation, une bonne matière pour nos résolutions.

— *Essayons d'aller jusqu'au bout dans le service de Dieu et des autres.* Prenons exemple sur elle, ne reculons pas devant les obstacles ni la souffrance. Dieu ne veut pas nous faire souffrir pour son plaisir, mais il le permet pour notre bien et seulement si c'est indispensable. Il nous a promis le Royaume, tout en nous disant que la porte pour y entrer est étroite. Faisons comme la Vierge Marie, soyons décidés à aller jusqu'au bout de toutes nos bonnes résolutions. Nous en prenons souvent, animés des meilleures intentions, des résolutions vraiment sincères, pour ensuite les laisser tomber à la moindre difficulté ou pour en chercher de plus confortables. Il peut s'agir de notre plan de vie chrétienne, de l'effort pour améliorer notre caractère et dominer notre mauvaise humeur ou notre colère, de l'esprit de mortification chrétienne, de notre disponibilité aux autres, de la qualité du travail que nous réalisons et de bien d'autres choses. Sans parler de notre lutte contre le péché, les tentations et les occasions de péché. Il est très important que nous soyons plus forts, plus résistants. Comment ? Justement, avec l'aide de la Vierge Marie !

— *Ayons souvent recours à son pouvoir d'intercession.* Saint Josémaria nous livre son expérience dans un point de son livre *Chemin* (n° 513). « Avant, seul, tu ne pouvais rien... Désormais tu as eu recours à Notre Dame. Avec elle, comme tout est facile ! » Nous y trouvons l'explication de tant d'échecs et d'une inconstance déjà évoquée. Nous avons essayé de lutter tout seuls, animés bien sûr de la meilleure volonté du monde, mais seuls en fin de compte. *Tout est facile,* facile non pas dans le sens de *plaisant ou agréable*, mais dans le sens de *possible.* Pour nous, une autre bonne résolution à prendre, celle de nous appuyer davantage sur elle, sur les prières et les traditions mariales, si présentes dans la vie chrétienne : le chapelet, les visites aux sanctuaires et chapelles qui lui sont dédiés, les oraisons jaculatoires, les regards à ses icônes, pleins d'amour filial… ou de détresse ! Invoquons-la à l'heure de la tentation ou lorsque nous courrons le risque de nous décourager. Permettons-lui de jouer à fond son rôle de mère, tel que Dieu l'a prévu et le veut.

Voilà quelques idées, utiles et pratiques, non seulement pour l'Année de la Foi, mais jusqu'au terme de notre parcours terrestre. La dévotion mariale restera un trait caractéristique et permanent du bon disciple du Christ. Nous allons franchir le seuil de la porte de la foi. Suivons le conseil de Benoît XVI dans sa Lettre apostolique « *Porta fidei* » : « Confions à la Mère de Dieu, proclamée « bienheureuse parce qu'elle a cru » (*Lc* 1, 45), ce temps de grâce. » Il est sûr que si nous nous appuyons vraiment sur elle, les années à venir seront un authentique temps de grâce, aussi bien pour nous que pour l'Église.

Très Sainte Vierge Marie, Mère de l'Église et notre Mère, « tournez vers nous vos regards miséricordieux » (Salve Regina) et « priez pour nous, pauvres pécheurs, maintenant et à l'heure de notre mort » (Ave Maria).

Table des matières

Achevé d'imprimer par Corlet, Imprimeur, S.A. - 14110 Condé-sur-Noireau
N° d'Imprimeur : 150289 - Dépôt légal : octobre 2012 - *Imprimé en France*